FRÉDÉRIC BASTIAT

1801-1850

La Loi[1]

La loi pervertie ! La loi — et à sa suite toutes les forces collectives de la nation, — la Loi, dis-je, non seulement détournée de son but, mais appliquée à poursuivre un but directement contraire ! La Loi devenue l'instrument de toutes les cupidités, au lieu d'en être le frein ! La Loi accomplissant elle-même l'iniquité qu'elle avait pour mission de punir ! Certes, c'est là un fait grave, s'il existe, et sur lequel il doit m'être permis d'appeler l'attention de mes concitoyens.

Nous tenons de Dieu le don qui pour nous les renferme tous, la Vie, — la vie physique, intellectuelle et morale.

Mais la vie ne se soutient pas d'elle-même. Celui qui nous l'a donnée nous a laissé le soin de l'entretenir, de la développer, de la perfectionner.

---

[1] Ce fut en juin 1850 que l'auteur, pendant quelques jours passés dans sa famille à Mugron, écrivit ce pamphlet. (NDE)

Pour cela, il nous a pourvus d'un ensemble de Facultés merveilleuses ; il nous a plongés dans un milieu d'éléments divers. C'est par l'application de nos facultés à ces éléments que se réalise le phénomène de l'*Assimilation*, de l'*Appropriation*, par lequel la vie parcourt le cercle qui lui a été assigné.

Existence, Facultés, Assimilation — en d'autres termes, Personnalité, Liberté, Propriété, — voilà l'homme.

C'est de ces trois choses qu'on peut dire, en dehors de toute subtilité démagogique, qu'elles sont antérieures et supérieures à toute législation humaine.

Ce n'est pas parce que les hommes ont édicté des Lois que la Personnalité, la Liberté et la Propriété existent. Au contraire, c'est parce que la Personnalité, la Liberté et la Propriété préexistent que les hommes font des Lois.

Qu'est-ce donc que la Loi ? Ainsi que je l'ai dit ailleurs, c'est l'organisation collective du Droit individuel de légitime défense[2].

Chacun de nous tient certainement de la nature, de Dieu, le droit de défendre sa

---

[2] Voy. au tome V, les deux dernières pages du pamphlet, *Spoliation et Loi*. (NDE)

Personne, sa Liberté, sa Propriété, puisque ce sont les trois éléments constitutifs ou conservateurs de la Vie, éléments qui se complètent l'un par l'autre et ne se peuvent comprendre l'un sans l'autre. Car que sont nos Facultés, sinon un prolongement de notre Personnalité, et qu'est-ce que la Propriété si ce n'est un prolongement de nos Facultés ?

Si chaque homme a le droit de défendre, même par la force, sa Personne, sa Liberté, sa Propriété, plusieurs hommes ont le Droit de se concerter, de s'entendre, d'organiser une Force commune pour pourvoir régulièrement à cette défense.

Le Droit collectif a donc son principe, sa raison d'être, sa légitimité dans le Droit individuel ; et la Force commune ne peut avoir rationnellement d'autre but, d'autre mission que les forces isolées auxquelles elle se substitue.

Ainsi, comme la Force d'un individu ne peut légitimement attenter à la Personne, à la Liberté, à la Propriété d'un autre individu, par la même raison la Force commune ne peut être légitimement appliquée à détruire la Personne, la Liberté, la Propriété des individus ou des classes.

Car cette perversion de la Force serait, en un cas comme dans l'autre, en contradiction avec nos prémisses. Qui osera dire que la Force nous a été donnée non pour défendre nos Droits, mais pour anéantir les Droits égaux de nos frères ? Et si cela n'est pas vrai de chaque force individuelle, agissant isolément, comment cela serait-il vrai de la force collective, qui n'est que l'union organisée des forces isolées ?

Donc, s'il est une chose évidente, c'est celle-ci : La Loi, c'est l'organisation du Droit naturel de légitime défense ; c'est la substitution de la force collective aux forces individuelles, pour agir dans le cercle où celles-ci ont le droit d'agir, pour faire ce que celles-ci ont le droit de faire, pour garantir les Personnes, les Libertés, les Propriétés, pour maintenir chacun dans son Droit, pour faire régner entre tous la Justice.

Et s'il existait un peuple constitué sur cette base, il me semble que l'ordre y prévaudrait dans les faits comme dans les idées. Il me semble que ce peuple aurait le gouvernement le plus simple, le plus économique, le moins lourd, le moins senti, le moins responsable, le plus juste, et par conséquent le plus solide qu'on puisse imaginer, quelle que fût d'ailleurs sa forme politique.

Car, sous un tel régime, chacun comprendrait bien qu'il a toute la plénitude comme toute la responsabilité de son Existence. Pourvu que la personne fût respectée, le travail libre et les fruits du travail garantis contre toute injuste atteinte, nul n'aurait rien à démêler avec l'État. Heureux, nous n'aurions pas, il est vrai, à le remercier de nos succès ; mais malheureux, nous ne nous en prendrions pas plus à lui de nos revers que nos paysans ne lui attribuent la grêle ou la gelée. Nous ne le connaîtrions que par l'inestimable bienfait de la Sûreté.

On peut affirmer encore que, grâce à la non-intervention de l'État dans des affaires privées, les Besoins et les Satisfactions se développeraient dans l'ordre naturel. On ne verrait point les familles pauvres chercher l'instruction littéraire avant d'avoir du pain. On ne verrait point la ville se peupler aux dépens des campagnes, ou les campagnes aux dépens des villes. On ne verrait pas ces grands déplacements de capitaux, de travail, de population, provoqués par des mesures législatives, déplacements qui rendent si incertaines et si précaires les sources mêmes de l'existence, et aggravent par là, dans une si grande mesure, la responsabilité des gouvernements.

Par malheur, il s'en faut que la Loi se soit renfermée dans son rôle. Même il s'en faut qu'elle ne s'en soit écartée que dans des vues neutres et discutables. Elle a fait pis : elle a agi contrairement à sa propre fin ; elle a détruit son propre but ; elle s'est appliquée à anéantir cette Justice qu'elle devait faire régner, à effacer, entre les Droits, cette limite que sa mission était de faire respecter ; elle a mis la force collective au service de ceux qui veulent exploiter, sans risque et sans scrupule, la Personne, la Liberté ou la Propriété d'autrui ; elle a converti la Spoliation en Droit, pour la protéger, et la légitime défense en crime, pour la punir.

Comment cette perversion de la Loi s'est-elle accomplie ? Quelles en ont été les conséquences ?

La Loi s'est pervertie sous l'influence de deux causes bien différentes : l'égoïsme inintelligent et la fausse philanthropie.

Parlons de la première.

Se conserver, se développer, c'est l'aspiration commune à tous les hommes, de telle sorte que si chacun jouissait du libre exercice de ses facultés et de la libre disposition de leurs produits, le progrès social serait incessant, ininterrompu, infaillible.

Mais il est une autre disposition qui leur est aussi commune. C'est de vivre et de se développer, quand ils le peuvent, aux dépens les uns des autres. Ce n'est pas là une imputation hasardée, émanée d'un esprit chagrin et pessimiste. L'histoire en rend témoignage par les guerres incessantes, les migrations de peuples, les oppressions sacerdotales, l'universalité de l'esclavage, les fraudes industrielles et les monopoles dont ses annales sont remplies.

Cette disposition funeste prend naissance dans la constitution même de l'homme, dans ce sentiment primitif, universel, invincible, qui le pousse vers le bien-être et lui fait fuir la douleur.

L'homme ne peut vivre et jouir que par une assimilation, une appropriation perpétuelle, c'est-à-dire par une perpétuelle application de ses facultés sur les choses, ou par le travail. De là la Propriété.

Mais, en fait, il peut vivre et jouir en s'assimilant, en s'appropriant le produit des facultés de son semblable. De là la Spoliation.

Or, le travail étant en lui-même une peine, et l'homme étant naturellement porté à fuir la peine, il s'ensuit, l'histoire est là pour le prouver, que partout où la spoliation est moins onéreuse que le travail, elle prévaut ; elle prévaut sans que ni religion ni morale puissent, dans ce cas, l'empêcher.

Quand donc s'arrête la spoliation ? Quand elle devient plus onéreuse, plus dangereuse que le travail.

Il est bien évident que la Loi devrait avoir pour but d'opposer le puissant obstacle de la force collective à cette funeste tendance ; qu'elle devrait prendre parti pour la propriété contre la Spoliation.

Mais la Loi est faite, le plus souvent, par un homme ou par une classe d'hommes. Et la Loi n'existant point sans sanction, sans l'appui d'une force prépondérante, il ne se peut pas qu'elle ne mette en définitive cette force aux mains de ceux qui légifèrent.

Ce phénomène inévitable, combiné avec le funeste penchant que nous avons constaté dans le cœur de l'homme, explique la perversion à peu près universelle de la Loi. On conçoit comment, au lieu d'être un frein à l'injustice, elle devient un instrument et le plus invincible instrument d'injustice. On conçoit que, selon la puissance du législateur, elle détruit, à son profit, et à divers degrés, chez le reste des hommes, la Personnalité par l'esclavage, la Liberté par l'oppression, la Propriété par la spoliation.

Il est dans la nature des hommes de réagir contre l'iniquité dont ils sont victimes. Lors donc que la Spoliation est organisée par la Loi, au profit des classes qui la font, toutes les classes spoliées tendent, par des voies pacifiques ou par des voies révolutionnaires, à entrer pour quelque chose dans la confection des Lois. Ces classes, selon le degré de lumière où elles sont parvenues, peuvent se proposer deux buts bien différents quand elles poursuivent ainsi la conquête de leurs droits politiques : ou elles veulent faire cesser la spoliation légale, ou elles aspirent à y prendre part.

Malheur, trois fois malheur aux nations où cette dernière pensée domine dans les masses, au moment où elles s'emparent à leur tour de la puissance législative !

Jusqu'à cette époque la spoliation légale s'exerçait par le petit nombre sur le grand nombre, ainsi que cela se voit chez les peuples où le droit de légiférer est concentré en quelques mains. Mais le voilà devenu universel, et l'on cherche l'équilibre dans la spoliation universelle. Au lieu d'extirper ce que la société contenait d'injustice, on la généralise. Aussitôt que les classes déshéritées ont recouvré leurs droits politiques, la première pensée qui les saisit n'est pas de se délivrer de la spoliation (cela supposerait en elles des lumières qu'elles ne peuvent avoir), mais d'organiser, contre les autres classes et à leur propre détriment, un système de représailles, — comme s'il fallait, avant que le règne de la justice arrive, qu'une cruelle rétribution vînt les frapper toutes, les unes à cause de leur iniquité, les autres à cause de leur ignorance.

Il ne pouvait donc s'introduire dans la Société un plus grand changement et un plus grand malheur que celui-là : la Loi convertie en instrument de spoliation.

Quelles sont les conséquences d'une telle perturbation ? Il faudrait des volumes pour les décrire toutes. Contentons-nous d'indiquer les plus saillantes.

La première, c'est d'effacer dans les consciences la notion du juste et de l'injuste.

Aucune société ne peut exister si le respect des Lois n'y règne à quelque degré ; mais le plus sûr, pour que les lois soient respectées, c'est qu'elles soient respectables. Quand la Loi et la Morale sont en contradiction, le citoyen se trouve dans la cruelle alternative ou de perdre la notion de Morale ou de perdre le respect de la Loi, deux malheurs aussi grands l'un que l'autre et entre lesquels il est difficile de choisir.

Il est tellement de la nature de la Loi de faire régner la Justice, que Loi et Justice, c'est tout un, dans l'esprit des masses. Nous avons tous une forte disposition à regarder ce qui est légal comme légitime, à ce point qu'il y en a beaucoup qui font découler faussement toute justice de la Loi. Il suffit donc que la Loi ordonne et consacre la Spoliation pour que la spoliation semble juste et sacrée à beaucoup de consciences. L'esclavage, la restriction, le monopole trouvent des défenseurs non seulement dans ceux qui en profitent, mais encore dans ceux qui en souffrent. Essayez de proposer quelques doutes sur la moralité de ces institutions. « Vous êtes, dira-t-on, un novateur dangereux, un utopiste, un théoricien, un contempteur des lois ; vous ébranlez la base sur laquelle repose la société. » Faites-vous un cours de morale, ou d'économie politique ? Il se trouvera des corps officiels pour faire parvenir au gouvernement ce vœu :

« Que la science soit désormais enseignée, *non plus* au seul point de vue du Libre-Échange (de la Liberté, de la Propriété, de la Justice), ainsi que cela a eu lieu jusqu'ici, mais aussi et surtout au point de vue des faits et de la législation (contraire à la Liberté, à la Propriété, à la Justice) qui régit l'industrie française. »

« Que, dans les chaires publiques salariées par le Trésor, le professeur s'abstienne rigoureusement de porter la moindre atteinte au respect dû aux *lois en vigueur*[3], etc. »

En sorte que s'il existe une loi qui sanctionne l'esclavage ou le monopole, l'oppression ou la spoliation sous une forme quelconque, il ne faudra pas même en parler ; car comment en parler sans ébranler le respect qu'elle inspire ? Bien plus, il faudra enseigner la morale et l'économie politique au point de vue de cette loi, c'est-à-dire sur la supposition qu'elle est juste par cela seul qu'elle est Loi.

Un autre effet de cette déplorable perversion de la Loi, c'est de donner aux passions et aux luttes politiques, et, en général, à la politique proprement dite, une prépondérance exagérée.

---

[3] Conseil général des manufactures, de l'agriculture et du commerce. (Séance du 6 mai 1850.)

Je pourrais prouver cette proposition de mille manières. Je me bornerai, par voie d'exemple, à la rapprocher du sujet qui a récemment occupé tous les esprits : le suffrage universel.

Quoi qu'en pensent les adeptes de l'École de Rousseau, laquelle se dit *très avancée* et que je crois *reculée* de vingt siècles, le suffrage *universel* (en prenant ce mot dans son acception rigoureuse) n'est pas un de ces dogmes sacrés, à l'égard desquels l'examen et le doute même sont des crimes.

On peut lui opposer de graves objections.

D'abord le mot *universel* cache un grossier sophisme. Il y a en France trente-six millions d'habitants. Pour que le droit de suffrage fût *universel,* il faudrait qu'il fût reconnu à trente-six millions d'électeurs. Dans le système le plus large, on ne le reconnaît qu'à neuf millions. Trois personnes sur quatre sont donc exclues et, qui plus est, elles le sont par cette quatrième. Sur quel principe se fonde cette exclusion ? sur le principe de l'Incapacité. Suffrage universel veut dire : suffrage universel des capables. Restent ces questions de fait : quels sont les capables ? l'âge, le sexe, les condamnations judiciaires sont-ils les seuls signes auxquels on puisse reconnaître l'incapacité ?

Si l'on y regarde de près, on aperçoit bien vite le motif pour lequel le droit de suffrage repose sur la présomption de capacité, le système le plus large ne différant à cet égard du plus restreint que par l'appréciation des signes auxquels cette capacité peut se reconnaître, ce qui ne constitue pas une différence de principe, mais de degré.

Ce motif, c'est que l'électeur ne stipule pas pour lui, mais pour tout le monde.

Si, comme le prétendent les républicains de la teinte grecque et romaine, le droit de suffrage nous était échu avec la vie, il serait inique aux adultes d'empêcher les femmes et les enfants de voter. Pourquoi les empêche-t-on ? Parce qu'on les présume incapables. Et pourquoi l'Incapacité est-elle un motif d'exclusion ? Parce que l'électeur ne recueille pas seul la responsabilité de son vote ; parce que chaque vote engage et affecte la communauté tout entière ; parce que la communauté a bien le droit d'exiger quelques garanties, quant aux actes d'où dépendent son bien-être et son existence.

Je sais ce qu'on peut répondre. Je sais aussi ce qu'on pourrait répliquer. Ce n'est pas ici le lieu d'épuiser une telle controverse. Ce que je veux faire observer, c'est que cette controverse même (aussi bien que la plupart des questions politiques) qui agite, passionne et bouleverse les peuples, perdrait presque toute son importance, si la Loi avait toujours été ce qu'elle devrait être.

En effet, si la Loi se bornait à faire respecter toutes les Personnes, toutes les Libertés, toutes les Propriétés, si elle n'était que l'organisation du Droit individuel de légitime défense, l'obstacle, le frein, le châtiment opposé à toutes les oppressions, à toutes les spoliations, croit-on que nous nous disputerions beaucoup, entre citoyens, à propos du suffrage plus ou moins universel ? Croit-on qu'il mettrait en question le plus grand des biens, la paix publique ? Croit-on que les classes exclues n'attendraient pas paisiblement leur tour ? Croit-on que les classes admises seraient très jalouses de leur privilége ? Et n'est-il pas clair que l'intérêt étant identique et commun, les uns agiraient, sans grand inconvénient, pour les autres ?

Mais que ce principe funeste vienne à s'introduire, que, sous prétexte d'organisation, de réglementation, de protection, d'encouragement, la Loi peut *prendre aux uns pour donner aux autres*, puiser dans la richesse acquise par toutes les classes pour augmenter celle d'une classe, tantôt celle des agriculteurs, tantôt celle des manufacturiers, des négociants, des armateurs, des artistes, des comédiens ; oh ! certes, en ce cas, il n'y a pas de classe qui ne prétende, avec raison, mettre, elle aussi, la main sur la Loi ; qui ne revendique avec fureur son droit d'élection et d'éligibilité ; qui ne bouleverse la société plutôt que de ne pas l'obtenir. Les mendiants et les vagabonds eux-mêmes vous prouveront qu'ils ont des titres incontestables. Ils vous diront : « Nous n'achetons jamais de vin, de tabac, de sel, sans payer l'impôt, et une part de cet impôt est donnée législativement en primes, en subventions à des hommes plus riches que nous. D'autres font servir la Loi à élever artificiellement le prix du pain, de la viande, du fer, du drap. Puisque chacun exploite la Loi à son profit, nous voulons l'exploiter aussi. Nous voulons en faire sortir le *Droit à l'assistance*, qui est la part de spoliation du pauvre. Pour cela, il faut que nous soyons électeurs et législateurs, afin que nous organisions en grand l'Aumône pour notre classe, comme vous avez organisé en grand la Protection pour la vôtre. Ne nous dites pas que vous nous ferez notre part, que vous nous jetterez, selon la proposition de M. Mimerel, une somme de 600 000 francs pour nous faire taire et comme un os à ronger. Nous avons d'autres prétentions et, en tout cas, nous voulons stipuler pour nous-mêmes comme les autres classes ont stipulé pour elles-mêmes ! »

Que peut-on répondre à cet argument ? Oui, tant qu'il sera admis en principe que la Loi peut être détournée de sa vraie mission, qu'elle peut violer les propriétés au lieu de les garantir, chaque classe voudra faire la Loi, soit pour se défendre contre la spoliation, soit pour l'organiser aussi à son profit. La question politique sera toujours préjudicielle, dominante, absorbante ; en un mot, on se battra à la porte du Palais législatif. La lutte ne sera pas moins acharnée au-dedans. Pour en être convaincu, il est à peine nécessaire de regarder ce qui se passe dans les Chambres en France et en Angleterre ; il suffit de savoir comment la question y est posée.

Est-il besoin de prouver que cette odieuse perversion de la Loi est une cause perpétuelle de haine, de discorde, pouvant aller jusqu'à la désorganisation sociale ? Jetez les yeux sur les États-Unis. C'est le pays du monde où la Loi reste le plus dans son rôle, qui est de garantir à chacun sa liberté et sa propriété. Aussi c'est le pays du monde où l'ordre social paraît reposer sur les bases les plus stables. Cependant, aux États-Unis même, il est deux questions, et il n'en est que deux, qui, depuis l'origine, ont mis plusieurs fois l'ordre politique en péril. Et quelles sont ces deux questions ? Celle de l'Esclavage et celle des Tarifs, c'est-à-dire précisément les deux seules questions où, contrairement à l'esprit général de cette république, la Loi a pris le caractère spoliateur. L'Esclavage est une violation, sanctionnée par la loi, des droits de la Personne. La Protection est une violation, perpétrée par la loi, du droit de Propriété ; et certes, il est bien remarquable qu'au milieu de tant d'autres débats, ce double *fléau légal*, triste héritage de l'ancien monde, soit le seul qui puisse amener et amènera peut-être la rupture de l'Union. C'est qu'en effet on ne saurait imaginer, au sein d'une société, un fait plus considérable que celui-ci : *La Loi devenue un instrument d'injustice*. Et si ce fait engendre des conséquences si formidables aux États-Unis, où il n'est qu'une exception, que doit-ce être dans notre Europe, où il est un Principe, un Système ?

M. de Montalembert, s'appropriant la pensée d'une proclamation fameuse de M. Carlier, disait : Il faut faire la guerre au Socialisme. — Et par Socialisme, il faut croire que, selon la définition de M. Charles Dupin, il désignait la Spoliation.

Mais de quelle Spoliation voulait-il parler ? Car il y en a de deux sortes. Il y a la *spoliation extra-légale* et la *spoliation légale*.

Quant à la spoliation extra-légale, celle qu'on appelle vol, escroquerie, celle qui est définie, prévue et punie par le Code pénal, en vérité, je ne pense pas qu'on la puisse décorer du nom de Socialisme. Ce n'est pas celle qui menace systématiquement la société dans ses bases. D'ailleurs, la guerre contre ce genre de spoliation n'a pas attendu le signal de M. de Montalembert ou de M. Carlier. Elle se poursuit depuis le commencement du monde ; la France y avait pourvu, dès longtemps avant la révolution de février, dès longtemps avant l'apparition du Socialisme, par tout un appareil de magistrature, de police, de gendarmerie, de prisons, de bagnes et d'échafauds. C'est la Loi elle-même qui conduit cette guerre, et ce qui serait, selon moi, à désirer, c'est que la Loi gardât toujours cette attitude à l'égard de la Spoliation.

Mais il n'en est pas ainsi. La Loi prend quelquefois parti pour elle. Quelquefois elle l'accomplit de ses propres mains, afin d'en épargner au bénéficiaire la honte, le danger et le scrupule. Quelquefois elle met tout cet appareil de magistrature, police, gendarmerie et prison au service du spoliateur, et traite en criminel le spolié qui se défend. En un mot, il y a la *spoliation légale*, et c'est de celle-là sans doute que parle M. de Montalembert.

Cette spoliation peut n'être, dans la législation d'un peuple, qu'une tache exceptionnelle et, dans ce cas, ce qu'il y a de mieux à faire, sans tant de déclamations et de jérémiades, c'est de l'y effacer le plus tôt possible, malgré les clameurs des intéressés. Comment la reconnaître ? C'est bien simple. Il faut examiner si la Loi prend aux uns ce qui leur appartient pour donner aux autres ce qui ne leur appartient pas. Il faut examiner si la Loi accomplit, au profit d'un citoyen et au détriment des autres, un acte que ce citoyen ne pourrait accomplir lui-même sans crime. Hâtez-vous d'abroger cette Loi ; elle n'est pas seulement une iniquité, elle est une source féconde d'iniquités ; car elle appelle les représailles, et si vous n'y prenez garde, le fait exceptionnel s'étendra, se multipliera et deviendra systématique. Sans doute, le bénéficiaire jettera les hauts cris ; il invoquera les *droits acquis*. Il dira que l'État doit Protection et Encouragement à son industrie ; il alléguera qu'il est bon que l'État l'enrichisse, parce qu'étant plus riche il dépense davantage, et répand ainsi une pluie de salaires sur les pauvres ouvriers. Gardez-vous d'écouter ce sophiste, car c'est justement par la systématisation de ces arguments que se systématisera la *spoliation légale*.

C'est ce qui est arrivé. La chimère du jour est d'enrichir toutes les classes aux dépens les unes des autres ; c'est de généraliser la Spoliation sous prétexte de l'*organiser*. Or, la spoliation légale peut s'exercer d'une multitude infinie de manières ; de là une multitude infinie de plans d'organisation : tarifs, protection, primes, subventions, encouragements, impôt progressif, instruction gratuite, Droit au travail, Droit au profit, Droit au salaire, Droit à l'assistance, Droit aux instruments de travail, gratuité du crédit, etc., etc. Et c'est l'ensemble de tous ces plans, en ce qu'ils ont de commun, la spoliation légale, qui prend le nom de Socialisme.

Or le Socialisme, ainsi défini, formant un corps de doctrine, quelle guerre voulez-vous lui faire, si ce n'est une guerre de doctrine ? Vous trouvez cette doctrine fausse, absurde, abominable. Réfutez-la. Cela vous sera d'autant plus aisé qu'elle est plus fausse, plus absurde, plus abominable. Surtout, si vous voulez être fort, commencez par extirper de votre législation tout ce qui a pu s'y glisser de Socialisme, — et l'œuvre n'est pas petite.

On a reproché à M. de Montalembert de vouloir tourner contre le Socialisme la force brutale. C'est un reproche dont il doit être exonéré, car il a dit formellement : Il faut faire au Socialisme la guerre qui est compatible avec la loi, l'honneur et la justice.

Mais comment M. de Montalembert ne s'aperçoit-il pas qu'il se place dans un cercle vicieux ? Vous voulez opposer au Socialisme la Loi ? Mais précisément le Socialisme invoque la Loi. Il n'aspire pas à la spoliation extra-légale, mais à la spoliation légale. C'est de la Loi même, à l'instar des monopoleurs de toute sorte, qu'il prétend se faire un instrument ; et une fois qu'il aura la Loi pour lui, comment voulez-vous tourner la Loi contre lui ? Comment voulez-vous le placer sous le coup de vos tribunaux, de vos gendarmes, de vos prisons ?

Aussi que faites-vous ? Vous voulez l'empêcher de mettre la main à la confection des Lois. Vous voulez le tenir en dehors du Palais législatif. Vous n'y réussirez pas, j'ose vous le prédire, tandis qu'au-dedans on légiférera sur le principe de la Spoliation légale. C'est trop inique, c'est trop absurde.

Il faut absolument que cette question de Spoliation légale se vide, et il n'y a que trois solutions.

Que le petit nombre spolie le grand nombre.

Que tout le monde spolie tout le monde.

Que personne ne spolie personne.

Spoliation partielle, Spoliation universelle, absence de Spoliation, il faut choisir. La Loi ne peut poursuivre qu'un de ces trois résultats.

Spoliation *partielle*, — c'est le système qui a prévalu tant que l'électorat a été *partiel*, système auquel on revient pour éviter l'invasion du Socialisme.

Spoliation *universelle*, — c'est le système dont nous avons été menacés quand l'électorat est devenu *universel*, la masse ayant conçu l'idée de légiférer sur le principe des législateurs qui l'ont précédée.

Absence de Spoliation, — c'est le principe de justice, de paix, d'ordre, de stabilité, de conciliation, de bon sens que je proclamerai de toute la force, hélas ! bien insuffisante, de mes poumons, jusqu'à mon dernier souffle.

Et, sincèrement, peut-on demander autre chose à la Loi ? La Loi, ayant pour sanction nécessaire la Force, peut-elle être raisonnablement employée à autre chose qu'à maintenir chacun dans son Droit ? Je défie qu'on la fasse sortir de ce cercle, sans la tourner, et, par conséquent, sans tourner la Force contre le Droit. Et comme c'est là la plus funeste, la plus illogique perturbation sociale qui se puisse imaginer, il faut bien reconnaître que la véritable solution, tant cherchée, du problème social est renfermée dans ces simples mots : la Loi, c'est la Justice Organisée.

Or, remarquons-le bien : organiser la Justice par la Loi, c'est-à-dire par la Force, exclut l'idée d'organiser par la Loi ou par la Force une manifestation quelconque de l'activité humaine : Travail, Charité, Agriculture, Commerce, Industrie, Instruction, Beaux-Arts, Religion ; car il n'est pas possible qu'une de ces organisations secondaires n'anéantisse l'organisation essentielle. Comment imaginer, en effet, la Force entreprenant sur la Liberté des citoyens, sans porter atteinte à la Justice, sans agir contre son propre but ?

Ici je me heurte au plus populaire des préjugés de notre époque. On ne veut pas seulement que la Loi soit juste ; on veut encore qu'elle soit philanthropique. On ne se contente pas qu'elle garantisse à chaque citoyen le libre et inoffensif exercice de ses facultés, appliquées à son développement physique, intellectuel et moral ; on exige d'elle qu'elle répande directement sur la nation le bien-être, l'instruction et la moralité. C'est le côté séduisant du Socialisme.

Mais, je le répète, ces deux missions de la Loi se contredisent. Il faut opter. Le citoyen ne peut en même temps être libre et ne l'être pas. M. de Lamartine m'écrivait un jour : « Votre doctrine n'est que la moitié de mon programme ; vous en êtes resté à la Liberté, j'en suis à la Fraternité. » Je lui répondis : « La seconde moitié de votre programme détruira la première. » Et, en effet, il m'est tout à fait impossible de séparer le mot *fraternité* du mot *volontaire*. Il m'est tout à fait impossible de concevoir la Fraternité *légalement* forcée, sans que la Liberté soit *légalement* détruite, et la Justice *légalement* foulée aux pieds.

La Spoliation légale a deux racines : l'une, nous venons de le voir, est dans l'Égoïsme humain ; l'autre est dans la fausse Philanthropie.

Avant d'aller plus loin, je crois devoir m'expliquer sur le mot Spoliation.

Je ne le prends pas, ainsi qu'on le fait trop souvent, dans une acception vague, indéterminée, approximative, métaphorique : je m'en sers au sens tout à fait scientifique, et comme exprimant l'idée opposée à celle de la Propriété. Quand une portion de richesses passe de celui qui l'a acquise, sans son consentement et sans compensation, à celui qui ne l'a pas créée, que ce soit par force ou par ruse, je dis qu'il y a atteinte à la Propriété, qu'il y a Spoliation. Je dis que c'est là justement ce que la Loi devrait réprimer partout et toujours. Que si la Loi accomplit elle-même l'acte qu'elle devrait réprimer, je dis qu'il n'y a pas moins Spoliation, et même, socialement parlant, avec circonstance aggravante. Seulement, en ce cas, ce n'est pas celui qui profite de la Spoliation qui en est responsable, c'est la Loi, c'est le législateur, c'est la société, et c'est ce qui en fait le danger politique.

Il est fâcheux que ce mot ait quelque chose de blessant. J'en ai vainement cherché un autre, car en aucun temps, et moins aujourd'hui que jamais, je ne voudrais jeter au milieu de nos discordes une parole irritante. Aussi, qu'on le croie ou non, je déclare que je n'entends accuser les intentions ni la moralité de qui que ce soit. J'attaque une idée que je crois fausse, un système qui me semble injuste, et cela tellement en dehors des intentions, que chacun de nous en profite sans le vouloir et en souffre sans le savoir. Il faut écrire sous l'influence de l'esprit de parti ou de la peur pour révoquer en doute la sincérité du Protectionnisme, du Socialisme et même du Communisme, qui ne sont qu'une seule et même plante, à trois périodes diverses de sa croissance. Tout ce qu'on pourrait dire, c'est que la Spoliation est plus visible, par sa partialité, dans le Protectionnisme[4], par son universalité, dans le Communisme ; d'où il suit que des trois systèmes le Socialisme est encore le plus vague, le plus indécis, et par conséquent le plus sincère.

Quoi qu'il en soit, convenir que la spoliation légale a une de ses racines dans la fausse philanthropie, c'est mettre évidemment les intentions hors de cause.

---

[4] Si la protection n'était accordée, en France, qu'à une seule classe, par exemple, aux maîtres de forges, elle serait si absurdement spoliatrice qu'elle ne pourrait se maintenir. Aussi voyons nous toutes les industries protégées se liguer, faire cause commune et même se recruter de manière à paraître embrasser l'ensemble du *travail national*. Elles sentent instinctivement que la Spoliation se dissimule en se généralisant.

Ceci entendu, examinons ce que vaut, d'où vient et où aboutit cette aspiration populaire qui prétend réaliser le Bien général par la Spoliation générale.

Les socialistes nous disent : puisque la Loi organise la justice, pourquoi n'organiserait-elle pas le travail, l'enseignement, la religion ?

Pourquoi ? Parce qu'elle ne saurait organiser le travail, l'enseignement, la religion, sans désorganiser la Justice.

Remarquez donc que la Loi, c'est la Force, et que, par conséquent, le domaine de la Loi ne saurait dépasser légitimement le légitime domaine de la Force.

Quand la loi et la Force retiennent un homme dans la Justice, elles ne lui imposent rien qu'une pure négation. Elles ne lui imposent que l'abstention de nuire. Elles n'attentent ni à sa Personnalité, ni à sa Liberté, ni à sa Propriété. Seulement elles sauvegardent la Personnalité, la Liberté et la Propriété d'autrui. Elles se tiennent sur la défensive ; elles défendent le Droit égal de tous. Elles remplissent une mission dont l'innocuité est évidente, l'utilité palpable, et la légitimité incontestée.

Cela est si vrai qu'ainsi qu'un de mes amis me le faisait remarquer, dire que *le but de la Loi est de faire régner la Justice,* c'est se servir d'une expression qui n'est pas rigoureusement exacte. Il faudrait dire : *Le but de la Loi est d'empêcher l'Injustice de régner.* En effet, ce n'est pas la Justice qui a une existence propre, c'est l'Injustice. L'une résulte de l'absence de l'autre.

Mais quand la Loi, — par l'intermédiaire de son agent nécessaire, la Force, — impose un mode de travail, une méthode ou une matière d'enseignement, une foi ou un culte, ce n'est plus négativement, c'est positivement qu'elle agit sur les hommes. Elle substitue la volonté du législateur à leur propre volonté, l'initiative du législateur à leur propre initiative. Ils n'ont plus à se consulter, à comparer, à prévoir ; la Loi fait tout cela pour eux. L'intelligence leur devient un meuble inutile ; ils cessent d'être hommes ; ils perdent leur Personnalité, leur Liberté, leur Propriété.

Essayez d'imaginer une forme de travail imposée par la Force, qui ne soit une atteinte à la Liberté ; une transmission de richesse imposée par la Force, qui ne soit une atteinte à la Propriété. Si vous n'y parvenez pas, convenez donc que la Loi ne peut organiser le travail et l'industrie sans organiser l'Injustice.

Lorsque, du fond de son cabinet, un publiciste promène ses regards sur la société, il est frappé du spectacle d'inégalité qui s'offre à lui. Il gémit sur les souffrances qui sont le lot d'un si grand nombre de nos frères, souffrances dont l'aspect est rendu plus attristant encore par le contraste du luxe et de l'opulence.

Il devrait peut-être se demander si un tel état social n'a pas pour cause d'anciennes Spoliations, exercées par voie de conquête, et des Spoliations nouvelles, exercées par l'intermédiaire des Lois. Il devrait se demander si, l'aspiration de tous les hommes vers le bien-être et le perfectionnement étant donnée, le règne de la justice ne suffit pas pour réaliser la plus grande activité de Progrès et la plus grande somme d'Égalité, compatibles avec cette responsabilité individuelle que Dieu a ménagée comme juste rétribution des vertus et des vices.

Il n'y songe seulement pas. Sa pensée se porte vers des combinaisons, des arrangements, des organisations légales ou factices. Il cherche le remède dans la perpétuité et l'exagération de ce qui a produit le mal.

Car, en dehors de la Justice, qui, comme nous l'avons vu, n'est qu'une véritable négation, est-il aucun de ces arrangements légaux qui ne renferme le principe de la Spoliation ?

Vous dites : « Voilà des hommes qui manquent de richesses, » — et vous vous adressez à la Loi. Mais la Loi n'est pas une mamelle qui se remplisse d'elle-même, ou dont les veines lactifères aillent puiser ailleurs que dans la société. Il n'entre rien au trésor public, en faveur d'un citoyen ou d'une classe, que ce que les autres citoyens et les autres classes ont été *forcés d'y mettre*. Si chacun n'y puise que l'équivalent de ce qu'il y a versé, votre Loi, il est vrai, n'est pas spoliatrice, mais elle ne fait rien pour ces hommes qui *manquent de richesses,* elle ne fait rien pour l'égalité. Elle ne peut être un instrument d'égalisation qu'autant qu'elle prend aux uns pour donner aux autres, et alors elle est un instrument de Spoliation. Examinez à ce point de vue la Protection des tarifs, les primes d'encouragement, le Droit au profit, le Droit au travail, le Droit à l'assistance, le Droit à l'instruction, l'impôt progressif, la gratuité du crédit, l'atelier social, toujours vous trouverez au fond la Spoliation légale, l'injustice organisée.

Vous dites : « Voilà des hommes qui manquent de lumières, » — et vous vous adressez à la Loi. Mais la Loi n'est pas un flambeau répandant au loin une clarté qui lui soit propre. Elle plane sur une société où il y a des hommes qui savent et d'autres qui ne savent pas ; des citoyens qui ont besoin d'apprendre et d'autres qui sont disposés à enseigner. Elle ne peut faire que de deux choses l'une : ou laisser s'opérer librement ce genre de transactions, laisser se satisfaire librement cette nature de besoins ; ou bien forcer à cet égard les volontés et prendre aux uns de quoi payer des professeurs chargés d'instruire gratuitement les autres. Mais elle ne peut pas faire qu'il n'y ait, au second cas, atteinte à la Liberté et à la Propriété, Spoliation légale.

Vous dites : « Voilà des hommes qui manquent de moralité ou de religion, » — et vous vous adressez à la Loi. Mais la Loi c'est la Force, et ai-je besoin de dire combien c'est une entreprise violente et folle que de faire intervenir la force en ces matières ?

Au bout de ses systèmes et de ses efforts, il semble que le Socialisme, quelque complaisance qu'il ait pour lui-même, ne puisse s'empêcher d'apercevoir le monstre de la Spoliation légale. Mais que fait-il ? Il le déguise habilement à tous les yeux, même aux siens, sous les noms séducteurs de Fraternité, Solidarité, Organisation, Association. Et parce que nous ne demandons pas tant à la Loi, parce que nous n'exigeons d'elle que Justice, il suppose que nous repoussons la fraternité, la solidarité, l'organisation, l'association, et nous jette à la face l'épithète d'*individualistes*.

Qu'il sache donc que ce que nous repoussons, ce n'est pas l'organisation naturelle, mais l'organisation forcée.

Ce n'est pas l'association libre, mais les formes d'association qu'il prétend nous imposer.

Ce n'est pas la fraternité spontanée, mais la fraternité légale.

Ce n'est pas la solidarité providentielle, mais la solidarité artificielle, qui n'est qu'un déplacement injuste de Responsabilité.

Le Socialisme, comme la vieille politique d'où il émane, confond le Gouvernement et la Société. C'est pourquoi, chaque fois que nous ne voulons pas qu'une chose soit faite par le Gouvernement, il en conclut que nous ne voulons pas que cette chose soit faite du tout. Nous repoussons l'instruction par l'État ; donc nous ne voulons pas d'instruction. Nous repoussons une religion d'État ; donc nous ne voulons pas de religion. Nous repoussons l'égalisation par l'État ; donc nous ne voulons pas d'égalité, etc. C'est comme s'il nous accusait de ne vouloir pas que les hommes mangent, parce que nous repoussons la culture du blé par l'État.

Comment a pu prévaloir, dans le monde politique, l'idée bizarre de faire découler de la Loi ce qui n'y est pas : le Bien, en mode positif, la Richesse, la Science, la Religion ?

Les publicistes modernes, particulièrement ceux de l'école socialiste, fondent leurs théories diverses sur une hypothèse commune, et assurément la plus étrange, la plus orgueilleuse qui puisse tomber dans un cerveau humain.

Ils divisent l'humanité en deux parts. L'universalité des hommes, moins un, forme la première ; le publiciste, à lui tout seul, forme la seconde et, de beaucoup, la plus importante.

En effet, ils commencent par supposer que les hommes ne portent en eux-mêmes ni un principe d'action, ni un moyen de discernement ; qu'ils sont dépourvus d'initiative ; qu'ils sont de la matière inerte, des molécules passives, des atomes sans spontanéité, tout au plus une végétation indifférente à son propre mode d'existence, susceptible de recevoir, d'une volonté et d'une main extérieures, un nombre infini de formes plus ou moins symétriques, artistiques, perfectionnées.

Ensuite chacun d'eux suppose sans façon qu'il est lui-même, sous les noms d'Organisateur, de Révélateur, de Législateur, d'Instituteur, de Fondateur, cette volonté et cette main, ce mobile universel, cette puissance créatrice dont la sublime mission est de réunir en société ces matériaux épars, qui sont des hommes.

Partant de cette donnée, comme chaque jardinier, selon son caprice, taille ses arbres en pyramides, en parasols, en cubes, en cônes, en vases, en espaliers, en quenouilles, en éventails, chaque socialiste, suivant sa chimère, taille la pauvre humanité en groupes, en séries, en centres, en sous-centres, en alvéoles, en ateliers sociaux, harmoniques, contrastés, etc., etc.

Et de même que le jardinier, pour opérer la taille des arbres, a besoin de haches, de scies, de serpettes et de ciseaux, le publiciste, pour arranger sa société, a besoin de forces qu'il ne peut trouver que dans les Lois ; loi de douane, loi d'impôt, loi d'assistance, loi d'instruction.

Il est si vrai que les socialistes considèrent l'humanité comme matière à combinaisons sociales, que si, par hasard, ils ne sont pas bien sûrs du succès de ces combinaisons, ils réclament du moins une parcelle d'humanité comme *matière à expériences :* on sait combien est populaire parmi eux l'idée d'*expérimenter tous les systèmes*, et on a vu un de leurs chefs venir sérieusement demander à l'assemblée constituante une commune avec tous ses habitants, pour faire son essai.

C'est ainsi que tout inventeur fait sa machine en petit avant de la faire en grand. C'est ainsi que le chimiste sacrifie quelques réactifs, que l'agriculteur sacrifie quelques semences et un coin de son champ pour faire l'épreuve d'une idée.

Mais quelle distance incommensurable entre le jardinier et ses arbres, entre l'inventeur et sa machine, entre le chimiste et ses réactifs, entre l'agriculteur et ses semences !... Le socialiste croit de bonne foi que la même distance le sépare de l'humanité.

Il ne faut pas s'étonner que les publicistes du dix- neuvième siècle considèrent la société comme une création artificielle sortie du génie du Législateur.

Cette idée, fruit de l'éducation classique, a dominé tous les penseurs, tous les grands écrivains de notre pays.

Tous ont vu entre l'humanité et le législateur les mêmes rapports qui existent entre l'argile et le potier.

Bien plus, s'ils ont consenti à reconnaître, dans le cœur de l'homme, un principe d'action et, dans son intelligence, un principe de discernement, ils ont pensé que Dieu lui avait fait, en cela, un don funeste, et que l'humanité, sous l'influence de ces deux moteurs, tendait fatalement vers sa dégradation. Ils ont posé en fait qu'abandonnée à ses penchants l'humanité ne s'occuperait de religion que pour aboutir à l'athéisme, d'enseignement que pour arriver à l'ignorance, de travail et d'échanges que pour s'éteindre dans la misère.

Heureusement, selon ces mêmes écrivains, il y a quelques hommes, nommés Gouvernants, Législateurs, qui ont reçu du ciel, non seulement pour eux-mêmes, mais pour tous les autres, des tendances opposées.

Pendant que l'humanité penche vers le Mal, eux inclinent au Bien ; pendant que l'humanité marche vers les ténèbres, eux aspirent à la lumière ; pendant que l'humanité est entraînée vers le vice, eux sont attirés par la vertu. Et, cela posé, ils réclament la Force, afin qu'elle les mette à même de substituer leurs propres tendances aux tendances du genre humain.

Il suffit d'ouvrir, à peu près au hasard, un livre de philosophie, de politique ou d'histoire pour voir combien est fortement enracinée dans notre pays cette idée, fille des études classiques et mère du Socialisme, que l'humanité est une matière inerte recevant du pouvoir la vie, l'organisation, la moralité et la richesse ; ou bien, ce qui est encore pis, que d'elle-même l'humanité tend vers sa dégradation et n'est arrêtée sur cette pente que par la main mystérieuse du Législateur. Partout le Conventionalisme classique nous montre, derrière la société passive, une puissance occulte qui, sous les noms de Loi, Législateur, ou sous cette expression plus commode et plus vague de on, meut l'humanité, l'anime, l'enrichit et la moralise.

Bossuet. « Une des choses qu'on (qui ?) imprimait le plus fortement dans l'esprit des Égyptiens, c'était l'amour de la patrie… *Il n'était pas permis* d'être inutile à l'État ; la Loi assignait à chacun son emploi, qui se perpétuait de père en fils. On ne pouvait ni en avoir deux ni changer de profession... Mais il y avait une occupation qui *devait* être commune, c'était l'étude des lois et de la sagesse. L'ignorance de la religion et de la police du pays n'était excusée en aucun état. Au reste, chaque profession avait son canton qui lui était assigné (par qui ?)... Parmi de bonnes lois, ce qu'il y avait de meilleur, c'est que tout le monde était nourri (par qui ?) dans l'esprit de les observer... Leurs mercures ont rempli l'Égypte d'inventions merveilleuses, et ne lui avaient presque rien laissé ignorer de ce qui pouvait rendre la vie commode et tranquille. »

Ainsi, les hommes, selon Bossuet, ne tirent rien d'eux-mêmes : patriotisme, richesses, activité, sagesse, inventions, labourage, sciences, tout leur venait par l'opération des Lois ou des Rois. Il ne s'agissait pour eux que de *se laisser faire.* C'est à ce point que Diodore ayant accusé les Égyptiens de rejeter la lutte et la musique, Bossuet l'en reprend. Comment cela est-il possible, dit-il, puisque ces arts avaient été inventés par Trismégiste ?

De même chez les Perses :

« Un des premiers soins *du prince* était de faire fleurir l'agriculture... Comme il y avait des charges établies pour la conduite des armées, il y en avait aussi pour veiller aux travaux rustiques… Le respect qu'on inspirait aux Perses pour l'autorité royale allait jusqu'à l'excès. »

Les Grecs, quoique pleins d'esprit, n'en étaient pas moins étrangers à leurs propres destinées, jusque-là que, d'eux-mêmes, ils ne se seraient pas élevés, comme les chiens et les chevaux, à la hauteur des jeux les plus simples. Classiquement, c'est une chose convenue que tout vient du dehors aux peuples.

« Les Grecs, naturellement pleins d'esprit et de courage, *avaient été cultivés* de bonne heure par des Rois et des colonies venues d'Égypte. C'est de là qu'ils avaient appris les exercices du corps, la *course à pied*, à cheval et sur des chariots… Ce que les Égyptiens leur avaient appris de meilleur était à se rendre dociles, à se laisser former par des lois pour le bien public. »

Fénelon. Nourri dans l'étude et l'admiration de l'antiquité, témoin de la puissance de Louis XIV, Fénelon ne pouvait guère échapper à cette idée que l'humanité est passive, et que ses malheurs comme ses prospérités, ses vertus comme ses vices lui viennent d'une action extérieure, exercée sur elle par la Loi ou celui qui la fait. Aussi, dans son utopique Salente, met-il les hommes, avec leurs intérêts, leurs facultés, leurs désirs et leurs biens, à la discrétion absolue du Législateur. En quelque matière que ce soit, ce ne sont jamais eux qui jugent pour eux-mêmes, c'est le Prince. La nation n'est qu'une matière informe, dont le Prince est l'âme. C'est en lui que résident la pensée, la prévoyance, le principe de toute organisation, de tout progrès et, par conséquent, la Responsabilité.

Pour prouver cette assertion, il me faudrait transcrire ici tout le Xme livre de Télémaque. J'y renvoie le lecteur, et me contente de citer quelques passages pris au hasard dans ce célèbre poème, auquel, sous tout autre rapport, je suis le premier à rendre justice.

Avec cette crédulité surprenante qui caractérise les classiques, Fénelon admet, malgré l'autorité du raisonnement et des faits, la félicité générale des Égyptiens, et il l'attribue, non à leur propre sagesse, mais à celle de leurs Rois.

« Nous ne pouvions jeter les yeux sur les deux rivages sans apercevoir des villes opulentes, des maisons de campagne agréablement situées, des terres qui se couvrent tous les ans d'une moisson dorée, sans se reposer jamais ; des prairies pleines de troupeaux ; des laboureurs accablés sous le poids des fruits que la terre épanchait de son sein ; des bergers qui faisaient répéter les doux sons de leurs flûtes et de leurs chalumeaux à tous les échos d'alentour. *Heureux,* disait Mentor, *le peuple qui est conduit par un sage Roi.*

« Ensuite Mentor me faisait remarquer la joie et l'abondance répandues dans toute la campagne d'Égypte, où l'on comptait jusqu'à vingt-deux mille villes ; la justice exercée en faveur du pauvre contre le riche ; la bonne éducation des enfants qu'on accoutumait à l'obéissance, au travail, à la sobriété, à l'amour des arts et des lettres ; l'exactitude pour toutes les cérémonies de la religion, le désintéressement, le désir de l'honneur, la fidélité pour les hommes et la crainte pour les dieux, que chaque père inspirait à ses enfants. Il ne se lassait point d'admirer ce bel ordre. *Heureux,* me disait-il, *le peuple qu'un sage Roi conduit ainsi.* »

Fénelon fait, sur la Crète, une idylle encore plus séduisante. Puis il ajoute, par la bouche de Mentor :

« Tout ce que vous verrez dans cette île merveilleuse est le fruit des lois de Minos. L'éducation qu'il faisait donner aux enfants rend le corps sain et robuste. On les accoutume d'abord à une vie simple, frugale et laborieuse ;

on suppose que toute volupté amollit le corps et l'esprit ; on ne leur propose jamais d'autre plaisir que celui d'être invincibles par la vertu et d'acquérir beaucoup de gloire... Ici on punit trois vices qui sont impunis chez les autres peuples, l'ingratitude, la dissimulation et l'avarice. Pour le faste et la mollesse, on n'a jamais besoin de les réprimer, car ils sont inconnus en Crète... on n'y souffre ni meubles précieux, ni habits magnifiques, ni festins délicieux, ni palais dorés. »

C'est ainsi que Mentor prépare son élève à triturer et manipuler, dans les vues les plus philanthropiques sans doute, le peuple d'Ithaque, et, pour plus de sûreté, il lui en donne l'exemple à Salente.

Voilà comment nous recevons nos premières notions politiques. On nous enseigne à traiter les hommes à peu près comme Olivier de Serres enseigne aux agriculteurs à traiter et mélanger les terres.

Montesquieu. « Pour maintenir l'esprit de commerce, il faut que toutes les lois le favorisent ; que ces mêmes lois, par leurs dispositions, divisant les fortunes à mesure que le commerce les grossit, mettent chaque citoyen pauvre dans une assez grande aisance pour pouvoir travailler comme les autres, et chaque citoyen riche dans une telle médiocrité qu'il ait besoin de travailler pour conserver ou pour acquérir… »

Ainsi les Lois disposent de toutes les fortunes.

« Quoique dans la démocratie l'égalité réelle soit l'âme de l'État, cependant elle est si difficile à établir qu'une exactitude extrême à cet égard ne conviendrait pas toujours. Il suffit que l'on établisse un cens qui réduise ou fixe les différences à un certain point. Après quoi c'est à des lois particulières à égaliser pour ainsi dire les inégalités, par les charges qu'elles imposent aux riches et le soulagement qu'elles accordent aux pauvres… »

C'est bien là encore l'égalisation des fortunes par la loi, par la force.

« Il y avait dans la Grèce deux sortes de républiques. Les unes étaient militaires, comme Lacédémone ; d'autres étaient commerçantes, comme Athènes. Dans les unes on *voulait* que les citoyens fussent oisifs ; dans les autres on *cherchait* à donner de l'amour pour le travail. »

« Je prie qu'on fasse un peu d'attention à l'étendue du génie qu'il fallut à ces législateurs pour voir qu'en choquant tous les usages reçus, en confondant toutes les vertus, ils montreraient à l'univers *leur sagesse.* Lycurgue, mêlant le larcin avec l'esprit de justice, le plus dur esclavage avec l'extrême liberté, les sentiments les plus atroces avec la plus grande modération, donna de la stabilité à sa ville. Il sembla lui ôter toutes les ressources, les arts, le commerce, l'argent, les murailles : on y a de l'ambition sans espérance d'être mieux ; on y a les sentiments naturels, et on n'y est ni enfant, ni mari, ni père ; la pudeur même est ôtée à la chasteté. *C'est par ce chemin que Sparte est menée à la grandeur et à la gloire…* »

« Cet extraordinaire que l'on voyait dans les institutions de la Grèce, nous l'avons vu *dans la lie et la corruption des temps modernes.* Un législateur honnête homme a formé un peuple où la probité paraît aussi naturelle que la bravoure chez les Spartiates. M. Penn est un véritable Lycurgue, et quoique le premier ait eu la paix pour objet comme l'autre a eu la guerre, ils se ressemblent dans la voie singulière où ils ont mis *leur* peuple, dans l'ascendant qu'ils ont eu sur des hommes libres, dans les préjugés qu'ils ont vaincus, dans les passions qu'ils ont soumises. »

« Le Paraguay peut nous fournir un autre exemple. On a voulu en faire un crime à la *Société,* qui regarde le plaisir de commander comme le seul bien de la vie ; mais il sera toujours beau *de gouverner les hommes en les rendant plus heureux…* »

« *Ceux qui voudront faire des institutions pareilles établiront la communauté des biens* de la République de Platon, ce respect qu'il demandait pour les dieux, cette séparation d'avec les étrangers pour la conservation des mœurs, et la cité faisant le commerce et non pas les citoyens ; ils donneront nos arts sans notre luxe, et nos besoins sans nos désirs. »

L'engouement vulgaire aura beau s'écrier : c'est du Montesquieu, donc c'est magnifique ! c'est sublime ! j'aurai le courage de mon opinion et de dire :

Quoi ! vous avez le front de trouver cela beau !

Mais c'est affreux ! abominable ! et ces extraits, que je pourrais multiplier, montrent que, dans les idées de Montesquieu, les personnes, les libertés, les propriétés, l'humanité entière ne sont que des matériaux propres à exercer la sagacité du Législateur.

Rousseau. Bien que ce publiciste, suprême autorité des démocrates, fasse reposer l'édifice social sur la *volonté générale,* personne n'a admis, aussi complétement que lui, l'hypothèse de l'entière passivité du genre humain en présence du Législateur.

« S'il est vrai qu'un grand prince est un homme rare, que sera-ce d'un grand législateur ? Le premier n'a qu'à suivre le modèle que l'autre doit proposer. *Celui-ci est le mécanicien qui invente la machine,* celui-là n'est que l'ouvrier qui la monte et la fait marcher. »

Et que sont les hommes en tout ceci ? La machine qu'on monte et qui marche, ou plutôt la matière brute dont la machine est faite !

Ainsi entre le Législateur et le Prince, entre le Prince et les sujets, il y a les mêmes rapports qu'entre l'agronome et l'agriculteur, l'agriculteur et la glèbe. À quelle hauteur au-dessus de l'humanité est donc placé le publiciste, qui régente les Législateurs eux-mêmes et leur enseigne leur métier en ces termes impératifs :

« Voulez-vous donner de la consistance à l'État ? rapprochez les degrés extrêmes autant qu'il est possible. Ne souffrez ni des gens opulents ni des gueux.

« Le sol est-il ingrat ou stérile, ou le pays trop serré pour les habitants, *tournez-vous* du côté de l'industrie et des arts, dont vous échangerez les productions contre les denrées qui vous manquent… Dans un bon terrain, *manquez-vous* d'habitants, donnez tous vos soins à l'agriculture, qui multiplie les hommes, et *chassez* les arts, qui ne feraient qu'achever de dépeupler le pays… Occupez-vous des rivages étendus et commodes, *couvrez la mer* de vaisseaux, vous aurez une existence brillante et courte. La mer ne baigne-t-elle sur vos côtes que des rochers inaccessibles, *restez barbares* et ichthyophages, vous en vivrez plus tranquilles, meilleurs peut-être, et, à coup sûr, plus heureux. En un mot, outre les maximes communes à tous, chaque peuple renferme en lui quelque cause qui les ordonne d'une manière particulière, et rend sa législation propre à lui seul. C'est ainsi qu'autrefois les Hébreux, et récemment les Arabes, ont eu pour principal objet la religion ; les Athéniens, les lettres ; Carthage et Tyr, le commerce ; Rhodes, la marine ; Sparte, la guerre, et Rome, la vertu. L'auteur de l'*Esprit des Lois* a montré par quel art *le législateur dirige l'institution vers chacun de ces objets*… Mais si le législateur, se trompant dans son objet, prend un principe différent de celui qui naît de la nature des choses, que l'un tende à la servitude et l'autre à la liberté ; l'un aux richesses, l'autre à la population ; l'un à la paix, l'autre aux conquêtes, on verra les lois s'affaiblir insensiblement, la constitution s'altérer, et l'État ne cessera d'être agité jusqu'à ce qu'il soit détruit ou changé, et que l'invincible nature ait repris son empire. »

Mais si la nature est assez invincible pour *reprendre* son empire, pourquoi Rousseau n'admet-il pas qu'elle n'avait pas besoin du Législateur pour *prendre* cet empire dès l' origine ? Pourquoi n'admet-il pas qu'obéissant à leur propre initiative les hommes se *tourneront* d'eux-mêmes vers le commerce sur des rivages étendus et commodes, sans qu'un Lycurgue, un Solon, un Rousseau s'en mêlent, au risque de *se tromper* ?

Quoi qu'il en soit, on comprend la terrible responsabilité que Rousseau fait peser sur les inventeurs, instituteurs, conducteurs, législateurs et manipulateurs de Sociétés. Aussi est-il, à leur égard, très exigeant.

« Celui qui ose entreprendre d'instituer un peuple doit se sentir en état de changer, pour ainsi dire, la nature humaine, de transformer chaque individu qui, par lui-même, est un tout parfait et solitaire, en partie d'un plus grand tout, dont cet individu reçoive, en tout ou en partie, sa vie et son être ; d'altérer la constitution de l'homme pour la renforcer, de substituer une existence partielle et morale à l'existence physique et indépendante que nous avons tous reçue de la nature. Il faut, en un mot, qu'il ôte à l'homme ses propres forces pour lui en donner qui lui soient étrangères… »

Pauvre espèce humaine, que feraient de ta dignité les adeptes de Rousseau ?

Raynal. « Le climat, c'est-à-dire le ciel et le sol, est la première règle du législateur. *Ses* ressources lui dictent ses devoirs. C'est d'abord sa position locale qu'il doit consulter. Une peuplade jetée sur les côtes maritimes aura des lois relatives à la navigation… Si la colonie est portée dans les terres, un législateur doit prévoir et leur genre et leur degré de fécondité… »

« C'est surtout dans la distribution de la propriété qu'éclatera la sagesse de la législation. En général, et dans tous les pays du monde, quand on fonde une colonie, il faut donner des terres à tous les hommes, c'est-à-dire à chacun une étendue suffisante pour l'entretien d'une famille… »

« Dans une île sauvage qu'on *peuplerait* d'enfants, on n'aurait qu'à laisser éclore les germes de la vérité dans les développements de la raison… Mais quand on établit un peuple déjà vieux dans un pays nouveau, l'habileté consiste *à ne lui laisser* que les opinions et les habitudes nuisibles dont on ne peut le guérir et le corriger. Veut-on empêcher qu'elles ne se transmettent, on veillera sur la seconde génération par une éducation commune et publique des enfants. Un prince, un législateur, ne devrait jamais fonder une colonie sans y envoyer d'avance des hommes sages pour l'instruction de la jeunesse… Dans une colonie naissante, toutes les facilités sont ouvertes aux précautions du Législateur qui veut *épurer le sang et les mœurs d'un peuple.* Qu'il ait du génie et de la vertu, les terres et les hommes qu'il aura *dans ses mains* inspireront à son âme un plan de société, qu'un écrivain ne peut jamais tracer que d'une manière vague et sujette à l'instabilité des hypothèses, qui varient et se compliquent avec une infinité de circonstances trop difficiles à prévoir et à combiner… »

Ne semble-t-il pas entendre un professeur d'agriculture dire à ses élèves : « Le climat est la première règle de l'agriculteur ? *Ses* ressources lui dictent *ses* devoirs. C'est d'abord *sa* position locale qu'il doit consulter. Est-il sur un sol argileux, il doit se conduire de telle façon. A-t-il affaire à du sable, voici comment il doit s'y prendre. Toutes les facilités sont ouvertes à l'agriculteur qui veut nettoyer et améliorer son sol. Qu'il ait de l'habileté, les terres, les engrais qu'il aura *dans ses mains* lui inspireront un plan d'exploitation, qu'un professeur ne peut jamais tracer que d'une manière vague et sujette à l'instabilité des hypothèses, qui varient et se compliquent avec une infinité de circonstances trop difficiles à prévoir et à combiner. »

Mais, ô sublimes écrivains, veuillez donc vous souvenir quelquefois que cette argile, ce sable, ce fumier, dont vous disposez si arbitrairement, ce sont des Hommes, vos égaux, des êtres intelligents et libres comme vous, qui ont reçu de Dieu, comme vous, la faculté de voir, de prévoir, de penser et de juger pour eux-mêmes !

Mably. (Il suppose les lois usées par la rouille du temps, la négligence de la sécurité, et poursuit ainsi) :

« Dans ces circonstances, il faut être convaincu que les ressorts du gouvernement se sont relâchés. *Donnez-leur* une nouvelle tension (c'est au lecteur que Mably s'adresse), et le mal sera guéri… Songez moins à punir des fautes qu'à encourager les vertus *dont vous avez besoin.* Par cette méthode vous rendrez à *votre république* la vigueur de la jeunesse. C'est pour n'avoir pas été connue des peuples libres qu'ils ont perdu la liberté ! Mais si les progrès du mal sont tels que les magistrats ordinaires ne puissent y remédier efficacement, *ayez recours* à une magistrature extraordinaire, dont le temps soit court et la puissance considérable. L'imagination des citoyens a besoin alors d'être frappée… »

Et tout dans ce goût durant vingt volumes.

Il a été une époque où, sous l'influence de tels enseignements, qui sont le fond de l'éducation classique, chacun a voulu se placer en dehors et au-dessus de l'humanité, pour l'arranger, l'organiser et l'instituer à sa guise.

Condillac. — « Érigez-vous, Monseigneur, en Lycurgue ou en Solon. Avant que de poursuivre la lecture de cet écrit, amusez-vous à donner des lois à quelque peuple sauvage d'Amérique ou d'Afrique. Établissez dans des demeures fixes ces hommes errants ; apprenez-leur à nourrir des troupeaux… ; travaillez à développer les qualités sociales que la nature a mises en eux… Ordonnez-leur de commencer à pratiquer les devoirs de l'humanité… Empoisonnez par des châtiments les plaisirs que promettent les passions, et vous verrez ces barbares, à chaque article de votre législation, perdre un vice et prendre une vertu. »

« Tous les peuples ont eu des lois. Mais peu d'entre eux ont été heureux. Quelle en est la cause ? C'est que les législateurs ont presque toujours ignoré que l'objet de la société est d'unir les familles par un intérêt commun. »

« L'impartialité des lois consiste en deux choses : à établir l'égalité dans la fortune et dans la dignité des citoyens… À mesure que vos lois établiront une plus grande égalité, elles deviendront plus chères à chaque citoyen… Comment l'avarice, l'ambition, la volupté, la paresse, l'oisiveté, l'envie, la haine, la jalousie agiteraient-elles des hommes égaux en fortune et en dignité, et à qui les lois ne laisseraient pas l'espérance de rompre l'égalité ? » (Suit l'idylle.)

« Ce qu'on vous a dit de la République de Sparte doit vous donner de grandes lumières sur cette question. Aucun autre État n'a jamais eu des lois plus conformes à l'ordre de la nature et de l'égalité[5]. »

Il n'est pas surprenant que les dix-septième et dix- huitième siècles aient considéré le genre humain comme une matière inerte attendant, recevant tout, forme, figure, impulsion, mouvement et vie d'un

---

[5] Dans le pamphlet *Baccalauréat et Socialisme* (le 5me d'après notre classement), l'auteur, par une série de citations analogues, montre encore la filiation de la même erreur. (NDE)

grand Prince, d'un grand Législateur, d'un grand Génie. Ces siècles étaient nourris de l'étude de l'Antiquité, et l'Antiquité nous offre en effet partout, en Égypte, en Perse, en Grèce, à Rome, le spectacle de quelques hommes manipulant à leur gré l'humanité asservie par la force ou par l'imposture. Qu'est-ce que cela prouve ? Que, parce que l'homme et la société sont perfectibles, l'erreur, l'ignorance, le despotisme, l'esclavage, la superstition doivent s'accumuler davantage au commencement des temps. Le tort des écrivains que j'ai cités n'est pas d'avoir constaté le fait, mais de l'avoir proposé, comme règle, à l'admiration et à l'imitation des races futures. Leur tort est d'avoir, avec une inconcevable absence de critique, et sur la foi d'un *conventionalisme* puéril, admis ce qui est inadmissible, à savoir la grandeur, la dignité, la moralité et le bien-être de ces sociétés factices de l'ancien monde ; de n'avoir pas compris que le temps produit et propage la lumière ; qu'à mesure que la lumière se fait, la force passe du côté du Droit, et la société reprend possession d'elle-même.

Et en effet, quel est le travail politique auquel nous assistons ? Il n'est autre que l'effort instinctif de tous les peuples vers la liberté[6]. Et

---

[6] Pour qu'un peuple soit heureux, il est indispensable que les individus qui le composent aient de la prévoyance, de la prudence, et de cette confiance les uns dans les autres qui naît de la sûreté.

Or, il ne peut guère acquérir ces choses que par l'expérience. Il devient prévoyant quand il a souffert pour n'avoir pas prévu ; prudent, quand sa témérité a été souvent punie, etc.

Il résulte de là que la liberté commence toujours par être accompagnée des maux qui suivent l'usage inconsidéré qu'on en fait.

À ce spectacle, des hommes se lèvent qui demandent que la liberté soit proscrite.

« Que l'État, disent-ils, soit prévoyant et prudent pour tout le monde. »

Sur quoi, je pose ces questions :

1∘ Cela est-il possible ? Peut-il sortir un État expérimenté d'une nation inexpérimentée ?

2∘ En tout cas, n'est-ce pas étouffer l'expérience dans son germe ?

Si le pouvoir impose les actes individuels, comment l'individu s'instruira-t-il par les conséquences de ses actes ? Il sera donc en tutelle à perpétuité ?

Et l'État ayant tout ordonné sera responsable de tout.

Il y a là un foyer de révolutions, et de révolutions sans issue, puisqu'elles seront faites par un peuple auquel, en interdisant l'expérience, on a qu'est-ce que la Liberté, ce mot qui a la puissance de faire battre tous les cœurs et d'agiter le monde, si ce n'est l'ensemble de toutes les libertés, liberté de conscience, d'enseignement, d'association, de presse, de locomotion, de travail, d'échange ; d'autres termes, le franc exercice, pour tous, de toutes les facultés inoffensives ; en d'autres termes encore, la destruction de tous les despotismes, même le despotisme légal, et la réduction de la Loi à sa seule attribution rationnelle, qui est de régulariser le Droit individuel de légitime défense ou de réprimer l'injustice.

Cette tendance du genre humain, il faut en convenir, est grandement contrariée, particulièrement dans notre patrie, par la funeste disposition, — fruit de l'enseignement classique, — commune à tous les publicistes, de se placer en dehors de l'humanité pour l'arranger, l'organiser et l'instituer à leur guise.

Car, pendant que la société s'agite pour réaliser la Liberté, les grands hommes qui se placent à sa tête, imbus des principes des dix-septième et dix-huitième siècles, ne songent qu'à la courber sous le philanthropique despotisme de leurs inventions sociales et à lui faire porter docilement, selon l'expression de

Rousseau, le joug de la félicité publique, telle qu'ils l'ont imaginée.

On le vit bien en 1789. À peine l'Ancien Régime légal fut-il détruit, qu'on s'occupa de soumettre la société nouvelle à d'autres arrangements artificiels, toujours en partant de ce point convenu : l'omnipotence de la Loi.

Saint-Just. « Le Législateur commande à l'avenir. C'est à lui de *vouloir le bien*. C'est à lui de rendre les hommes ce qu'*il veut* qu'ils soient. »

Robespierre. « La fonction du gouvernement est de diriger les forces physiques et morales de la nation vers le but de son institution. »

Billaud-Varennes. « *Il faut* recréer le peuple qu'on veut rendre à la liberté. Puisqu'*il faut* détruire d'anciens préjugés, changer d'antiques habitudes, perfectionner les affections dépravées, restreindre des besoins superflus, extirper des vices invétérés ; il faut donc une action forte, une impulsion véhémente... Citoyens, l'inflexible austérité de Lycurgue devint à Sparte la base inébranlable de la République ; le caractère faible et confiant de Solon replongea Athènes dans l'esclavage. Ce parallèle renferme toute la science du gouvernement. »

Lepelletier. « Considérant à quel point l'espèce humaine est dégradée, je me suis convaincu de la nécessité d'opérer une entière régénération et, si je puis m'exprimer ainsi, de créer un nouveau peuple. »

On le voit, les hommes ne sont rien que de vils matériaux. Ce n'est pas à eux de *vouloir le bien ;* — ils en sont incapables, — c'est au Législateur, selon Saint-Just. Les hommes ne sont que ce qu'*il veut* qu'ils soient.

Suivant Robespierre, qui copie littéralement Rousseau, le Législateur commence par assigner le but de l'*institution de la nation.* Ensuite les gouvernements n'ont plus qu'à diriger vers ce but toutes les *forces physiques et morales.* La nation elle-même reste toujours passive en tout ceci, et Billaud-Varennes nous enseigne qu'elle ne doit avoir que les préjugés, les habitudes, les affections et les besoins que le Législateur autorise. Il va jusqu'à dire que l'inflexible austérité d'un homme est la base de la république.

On a vu que, dans le cas où le mal est si grand que les magistrats ordinaires n'y peuvent remédier, Mably conseillait la dictature pour faire fleurir la vertu. « *Ayez recours,* dit-il, à une magistrature extraordinaire, dont le temps soit court et la puissance considérable. L'imagination des citoyens a besoin d'être frappée. » Cette doctrine n'a pas été perdue. Écoutons Robespierre :

« Le principe du gouvernement républicain, c'est la vertu, et son moyen, pendant qu'il s'établit, la terreur. Nous voulons substituer, dans notre pays, la morale à l'égoïsme, la probité à l'honneur, les principes aux usages, les devoirs aux bienséances, l'empire de la raison à la tyrannie de la mode, le mépris du vice au mépris du malheur, la fierté à l'insolence, la grandeur d'âme à la vanité, l'amour de la gloire à l'amour de l'argent, les bonnes gens à la bonne compagnie, le mérite à l'intrigue, le génie au bel esprit, la vérité à l'éclat, le charme du bonheur aux ennuis de la volupté, la grandeur de l'homme à la petitesse des grands, un peuple magnanime, puissant, heureux, à un peuple aimable, frivole, misérable ; c'est-à-dire toutes les vertus et tous les miracles de la République à tous les vices et à tous les ridicules de la monarchie. »

À quelle hauteur au-dessus du reste de l'humanité se place ici Robespierre ! Et remarquez la circonstance dans laquelle il parle. Il ne se borne pas à exprimer le vœu d'une grande rénovation du cœur humain ; il ne s'attend même pas à ce qu'elle résultera d'un gouvernement régulier. Non, il veut l'opérer lui-même et par la terreur. Le discours, d'où est extrait ce puéril et laborieux amas d'antithèses, avait pour objet d'exposer les *principes de morale qui doivent diriger un gouvernement révolutionnaire.* Remarquez que, lorsque Robespierre vient demander la dictature, ce n'est pas seulement pour repousser l'étranger et combattre les factions ; c'est bien pour faire prévaloir par la terreur, et préalablement au jeu de la Constitution, ses propres principes de morale. Sa prétention ne va à rien moins que d'extirper du pays, par la terreur, *l'égoïsme, l'honneur, les usages, les bienséances, la mode, la vanité, l'amour de l'argent, la bonne compagnie, l'intrigue, le bel esprit, la volupté et la misère.* Ce n'est qu'après que lui, Robespierre, aura accompli ces *miracles* — comme il les appelle avec raison, — qu'il permettra aux lois de reprendre leur empire. — Eh ! misérables, qui vous croyez si grands, qui jugez l'humanité si petite, qui voulez tout réformer, réformez-vous vous-mêmes, cette tâche vous suffit.

Cependant, en général, messieurs les Réformateurs, Législateurs et Publicistes ne demandent pas à exercer sur l'humanité un despotisme immédiat. Non, ils sont trop modérés et trop philanthropes pour cela. Ils ne réclament que le despotisme, l'absolutisme, l'omnipotence de la Loi. Seulement ils aspirent à faire la Loi.

Pour montrer combien cette disposition étrange des esprits a été universelle, en France, de même qu'il m'aurait fallu copier tout Mably, tout Raynal, tout Rousseau, tout Fénelon, et de longs extraits de Bossuet et Montesquieu, il me faudrait aussi reproduire le procès-verbal tout entier des séances de la Convention. Je m'en garderai bien et j'y renvoie le lecteur.

On pense bien que cette idée dut sourire à Bonaparte. Il l'embrassa avec ardeur et la mit énergiquement en pratique. Se considérant comme un chimiste, il ne vit dans l'Europe qu'une matière à expériences. Mais bientôt cette matière se manifesta comme un réactif puissant. Aux trois quarts désabusé, Bonaparte, à Sainte-Hélène, parut reconnaître qu'il y a quelque initiative dans les peuples, et il se montra moins hostile à la liberté. Cela ne l'empêcha pas cependant de donner par son testament cette leçon à son fils : « Gouverner, c'est répandre la moralité, l'instruction et le bien-être. »

Est-il nécessaire maintenant de faire voir par de fastidieuses citations d'où procèdent Morelly, Babeuf, Owen, Saint-Simon, Fourier ? Je me bornerai à soumettre au lecteur quelques extraits du livre de Louis Blanc sur l'organisation du travail.

« Dans notre projet, la société reçoit l'impulsion du pouvoir » (Page 126).

En quoi consiste l'impulsion que le Pouvoir donne à la société ? À imposer le *projet* de M. L. Blanc.

D'un autre coté, la société, c'est le genre humain.

Donc, en définitive, le genre humain reçoit l'impulsion de M. L. Blanc.

Libre à lui, dira-t-on. Sans doute le genre humain est libre de suivre les *conseils* de qui que ce soit. Mais ce n'est pas ainsi que M. L. Blanc comprend la chose. Il entend que son projet soit converti en *Loi*, et par conséquent imposé de force par le pouvoir.

« Dans notre projet, l'État ne fait que donner au travail une législation (*excusez du peu*), en vertu de laquelle le mouvement industriel peut et doit s'accomplir *en toute liberté*. Il (l'État) ne fait que placer la liberté sur une pente (*rien que cela*) qu'elle descend, une fois qu'elle y est placée, par la seule force des choses et par une suite naturelle du *mécanisme établi.* »

Mais quelle est cette pente ? — Celle indiquée par M. L. Blanc. — Ne conduit-elle pas aux abîmes ? — Non, elle conduit au bonheur. — Comment donc la société ne s'y place-t-elle pas d'elle-même ? — Parce qu'elle ne sait ce qu'elle veut et qu'elle a besoin d'*impulsion.* — Qui lui donnera cette impulsion ? — Le pouvoir. — Et qui donnera l'impulsion au pouvoir ? — L'inventeur du mécanisme, M. L. Blanc.

Nous ne sortons jamais de ce cercle : l'humanité passive et un grand homme qui la meut par l'intervention de la Loi.

Une fois sur cette pente, la société jouirait-elle au moins de quelque liberté ? — Sans doute. — Et qu'est-ce que la liberté ?

« Disons-le une fois pour toutes : la liberté consiste non pas seulement dans le Droit accordé, mais dans le Pouvoir donné à l'homme d'exercer, de développer ses facultés, sous l'empire de la justice et sous la sauvegarde de la loi. »

« Et ce n'est point là une distinction vaine : le sens en est profond, les conséquences en sont immenses. Car dès qu'on admet qu'il faut à l'homme, pour être vraiment libre, le Pouvoir d'exercer et de développer ses facultés, il en résulte que la société doit à chacun de ses membres l'instruction convenable, sans laquelle l'esprit humain ne *peut* se déployer, et les instruments de travail, sans lesquels l'activité humaine ne *peut* se donner carrière. Or, par l'intervention de qui la société donnera-t-elle à chacun de ses membres l'instruction convenable et les instruments de travail nécessaires, si ce n'est par l'intervention de l'État ? »

Ainsi la liberté, c'est le pouvoir. — En quoi consiste ce Pouvoir ? — À posséder l'instruction et les instruments de travail. — Qui *donnera* l'instruction et les instruments de travail ? — La société, *qui les doit.* — Par l'intervention de qui la société donnera-t-elle des instruments de travail à ceux qui n'en ont pas ? — Par l'*intervention de l'État.* — À qui l'État les prendra-t-il ?

C'est au lecteur de faire la réponse et de voir où tout ceci aboutit.

Un des phénomènes les plus étranges de notre temps, et qui étonnera probablement beaucoup nos neveux, c'est que la doctrine qui se fonde sur cette triple hypothèse — l'inertie radicale de l'humanité — l'omnipotence de la

Loi — l'infaillibilité du Législateur, — soit le symbole sacré du parti qui se proclame exclusivement démocratique.

Il est vrai qu'il se dit aussi *social*.

En tant que démocratique, il a une foi sans limite en l'humanité.

Comme *social*, il la met au-dessous de la boue.

S'agit-il de droits politiques, s'agit-il de faire sortir de son sein le Législateur, oh ! alors, selon lui, le peuple a la science infuse ; il est doué d'un tact admirable ; *sa volonté est toujours droite, la volonté générale ne peut errer.* Le suffrage ne saurait être trop *universel*. Nul ne doit à la société aucune garantie. La volonté et la capacité de bien choisir sont toujours supposées. Est-ce que le peuple peut se tromper ? Est-ce que nous ne sommes pas dans le siècle des lumières ? Quoi donc ! Le peuple sera-t-il éternellement en tutelle ? N'a-t-il pas conquis ses droits par assez d'efforts et de sacrifices ? N'a-t-il pas donné assez de preuves de son intelligence et de sa sagesse ? N'est-il pas arrivé à sa maturité ? N'est-il pas en état de juger pour lui-même ? Ne connaît-il pas ses intérêts ? Y a-t-il un homme ou une classe qui ose revendiquer le droit de se substituer au peuple, de décider et d'agir pour lui ? Non, non, le peuple veut être *libre*, et il le sera. Il veut diriger ses propres affaires, et il les dirigera.

Mais le Législateur est-il une fois dégagé des comices par l'élection, oh ! alors le langage change. La nation rentre dans la passivité, dans l'inertie, dans le néant, et le Législateur prend possession de l'omnipotence. À lui l'invention, à lui la direction, à lui l'impulsion, à lui l'organisation. L'humanité n'a plus qu'à se laisser faire ; l'heure du despotisme a sonné. Et remarquez que cela est fatal ; car ce peuple, tout à l'heure si éclairé, si moral, si parfait, n'a plus aucunes tendances, ou, s'il en a, elles l'entraînent toutes vers la dégradation. Et on lui laisserait un peu de Liberté ! Mais ne savez-vous pas que, selon M. Considérant, *la liberté conduit fatalement au monopole ?* Ne savez-vous pas que la liberté c'est la concurrence ? et que la concurrence, suivant M. L. Blanc, c'est *pour le peuple un système d'extermination, pour la bourgeoisie une cause de ruine ?* Que c'est pour cela que les peuples sont d'autant plus exterminés et ruinés qu'ils sont plus libres, témoin la Suisse, la Hollande, l'Angleterre et les États-Unis ? Ne savez-vous pas, toujours selon M. L. Blanc, que *la concurrence conduit au monopole,* et que, par la même raison, *le bon marché conduit à l'exagération des prix ?* Que *la concurrence tend à tarir les sources de la consommation et pousse la production à une activité dévorante ?* Que *la concurrence force la production à s'accroître et la consommation à décroître ;* — d'où il suit que les peuples libres produisent pour ne pas consommer ; — *qu'elle est tout à la fois oppression et démence,* et qu'il faut absolument que M. L. Blanc s'en mêle ?

Quelle liberté, d'ailleurs, pourrait-on laisser aux hommes ? Serait-ce la liberté de conscience ? Mais on les verra tous profiter de la permission pour se faire athées. La liberté d'enseignement ? Mais les pères se hâteront de payer des professeurs pour enseigner à leurs fils l'immoralité et l'erreur ; d'ailleurs, à en croire M. Thiers, si l'enseignement était laissé à la liberté nationale, il cesserait d'être national, et nous élèverions nos enfants dans les idées des Turcs ou des Indous, au lieu que, grâce au despotisme légal de l'université, ils ont le bonheur d'être élevés dans les nobles idées des Romains. La liberté du travail ? Mais c'est la concurrence, qui a pour effet de laisser tous les produits non consommés, d'exterminer le peuple et de ruiner la bourgeoisie. La liberté d'échanger ? Mais on sait bien, les protectionnistes l'ont démontré à satiété, qu'un homme se ruine quand il échange librement et que, pour s'enrichir, il faut échanger sans liberté. La liberté d'association ? Mais, d'après la doctrine socialiste, liberté et association s'excluent, puisque précisément on n'aspire à ravir aux hommes leur liberté que pour les forcer de s'associer.

Vous voyez donc bien que les démocrates-socialistes ne peuvent, en bonne conscience, laisser aux hommes aucune liberté, puisque, par leur nature propre, et si ces messieurs n'y mettent ordre, ils tendent, de toute part, à tous les genres de dégradation et de démoralisation.

Reste à deviner, en ce cas, sur quel fondement on réclame pour eux, avec tant d'instance, le suffrage universel.

Les prétentions des organisateurs soulèvent une autre question, que je leur ai souvent adressée, et à laquelle, que je sache, ils n'ont jamais répondu. Puisque les tendances naturelles de l'humanité sont assez mauvaises pour qu'on doive lui ôter sa liberté, comment se fait-il que les tendances des organisateurs soient bonnes ? Les Législateurs et leurs agents ne font-ils pas partie du genre humain ? Se croient-ils pétris d'un autre limon que le reste des hommes ? Ils disent que la société, abandonnée à elle-même, court fatalement aux abîmes parce que ses instincts sont pervers. Ils prétendent l'arrêter sur cette pente et lui imprimer une meilleure direction. Ils ont donc reçu du ciel une intelligence et des vertus qui les placent en dehors et au-dessus de l'humanité ; qu'ils montrent leurs titres. Ils veulent être *bergers,* ils veulent que nous soyons *troupeau.* Cet arrangement présuppose en eux une supériorité de nature, dont nous avons bien le droit de demander la preuve préalable.

Remarquez que ce que je leur conteste, ce n'est pas le droit d'inventer des combinaisons sociales, de les propager, de les conseiller, de les expérimenter sur eux-mêmes, à leurs frais et risques ; mais bien le droit de nous les imposer par l'intermédiaire de la Loi, c'est-à-dire des forces et des contributions publiques.

Je demande que les Cabétistes, les Fouriéristes, les Proudhoniens, les Universitaires, les Protectionnistes renoncent non à leurs idées spéciales, mais à cette idée qui leur est commune, de nous assujettir de force à leurs groupes et séries, à leurs ateliers sociaux, à leur banque gratuite, à leur moralité gréco-romaine, à leurs entraves commerciales. Ce que je leur demande, c'est de nous laisser la faculté de juger leurs plans et de ne pas nous y associer, directement ou indirectement, si nous trouvons qu'ils froissent nos intérêts, ou s'ils répugnent à notre conscience.

Car la prétention de faire intervenir le pouvoir et l'impôt, outre qu'elle est oppressive et spoliatrice, implique encore cette hypothèse préjudicielle : l'infaillibilité de l'organisateur et l'incompétence de l'humanité.

Et si l'humanité est incompétente à juger pour elle-même, que vient-on nous parler de suffrage universel ?

Cette contradiction dans les idées s'est malheureusement reproduite dans les faits, et pendant que le peuple français a devancé tous les autres dans la conquête de ses droits, ou plutôt de ses garanties politiques, il n'en est pas moins resté le plus gouverné, dirigé, administré, imposé, entravé et exploité de tous les peuples.

Il est aussi celui de tous où les révolutions sont le plus imminentes, et cela doit être.

Dès qu'on part de cette idée, admise par tous nos publicistes et si énergiquement exprimée par M. L. Blanc en ces mots : « La société reçoit l'impulsion du pouvoir » ; dès que les hommes se considèrent eux-mêmes comme sensibles mais passifs, incapables de s'élever par leur propre discernement et par leur propre énergie à aucune moralité, à aucun bien-être, et réduits à tout attendre de la Loi ; en un mot, quand ils admettent que leurs rapports avec l'État sont ceux du troupeau avec le berger, il est clair que la responsabilité du pouvoir est immense. Les biens et les maux, les vertus et les vices, l'égalité et l'inégalité, l'opulence et la misère, tout découle de lui. Il est chargé de tout, il entreprend tout, il fait tout ; donc il répond de tout. Si nous sommes heureux, il réclame à bon droit notre reconnaissance ; mais si nous sommes misérables, nous ne pouvons nous en prendre qu'à lui. Ne dispose-t-il pas, en principe, de nos personnes et de nos biens ? La Loi n'est-elle pas omnipotente ? En créant le monopole universitaire, il s'est fait fort de répondre aux espérances des pères de famille privés de liberté ; et si ces espérances sont déçues, à qui la faute ? En réglementant l'industrie, il s'est fait fort de la faire prospérer, sinon il eût été absurde de lui ôter sa liberté ; et si elle souffre, à qui la faute ? En se mêlant de pondérer la balance du commerce, par le jeu des tarifs, il s'est fait fort de le faire fleurir ; et si, loin de fleurir, il se meurt, à qui la faute ? En accordant aux armements maritimes sa protection en échange de leur liberté, il s'est fait fort de les rendre lucratifs ; et s'ils sont onéreux, à qui la faute ?

Ainsi, il n'y a pas une douleur dans la nation dont le gouvernement ne se soit volontairement rendu responsable. Faut-il s'étonner que chaque souffrance soit une cause de révolution ?

Et quel est le remède qu'on propose ? C'est d'élargir indéfiniment le domaine de la Loi, c'est-à-dire la Responsabilité du gouvernement.

Mais si le gouvernement se charge d'élever et de régler les salaires et qu'il ne le puisse ; s'il se charge d'assister toutes les infortunes et qu'il ne le puisse ; s'il se charge d'assurer des retraites à tous les travailleurs et qu'il ne le puisse ; s'il se charge de fournir à tous les ouvriers des instruments de travail et qu'il ne le puisse ; s'il se charge d'ouvrir à tous les affamés d'emprunts un crédit gratuit et qu'il ne le puisse ; si, selon les paroles que nous avons vues avec regret échapper à la plume de M. de Lamartine, « l'État se donne la mission d'éclairer, de développer, d'agrandir, de fortifier, de spiritualiser, et de sanctifier l'âme des peuples », et qu'il échoue ; ne voit-on pas qu'au bout de chaque déception, hélas ! plus que probable, il y a une non moins inévitable révolution ?

Je reprends ma thèse et je dis : immédiatement après la science économique et à l'entrée de la science politique[7], se présente une question dominante. C'est celle-ci :

Qu'est-ce que la Loi ? que doit-elle être ? quel est son domaine ? quelles sont ses limites ? où s'arrêtent, par suite, les attributions du Législateur ?

Je n'hésite pas à répondre : *La Loi, c'est la force commune organisée pour faire obstacle à l'Injustice,* — et pour abréger, la Loi, c'est la Justice.

Il n'est pas vrai que le Législateur ait sur nos personnes et nos propriétés une puissance absolue, puisqu'elles préexistent et que son œuvre est de les entourer de garanties.

Il n'est pas vrai que la Loi ait pour mission de régir nos consciences, nos idées, nos volontés, notre instruction, nos sentiments, nos travaux, nos échanges, nos dons, nos jouissances.

---

[7] L'économie politique précède la politique ; celle-là dit si les intérêts humains sont naturellement harmoniques ou antagoniques ; ce que celle-ci devrait savoir avant de fixer les attributions du gouvernement.

Sa mission est d'empêcher qu'en aucune de ces matières le droit de l'un n'usurpe le droit de l'autre.

La Loi, parce qu'elle a pour sanction nécessaire la Force, ne peut avoir pour domaine légitime que le légitime domaine de la force, à savoir : la Justice.

Et comme chaque individu n'a le droit de recourir à la force que dans le cas de légitime défense, la force collective, qui n'est que la réunion des forces individuelles, ne saurait être rationnellement appliquée à une autre fin.

La Loi, c'est donc uniquement l'organisation du droit individuel préexistant de légitime défense.

La Loi, c'est la Justice.

Il est si faux qu'elle puisse opprimer les personnes ou spolier les propriétés, même dans un but philanthropique, que sa mission est de les protéger.

Et qu'on ne dise pas qu'elle peut au moins être philanthropique, pourvu qu'elle s'abstienne de toute oppression, de toute spoliation ; cela est contradictoire. La Loi ne peut pas ne pas agir sur nos personnes ou nos biens ; si elle ne les garantit, elle les viole par cela seul qu'elle agit, par cela seul qu'elle est.

La Loi, c'est la Justice.

Voilà qui est clair, simple, parfaitement défini et délimité, accessible à toute intelligence, visible à tout œil, car la Justice est une quantité donnée, immuable, inaltérable, qui n'admet ni *plus* ni *moins.*

Sortez de là, faites la Loi religieuse, fraternitaire, égalitaire, philanthropique, industrielle, littéraire, artistique, aussitôt vous êtes dans l'infini, dans l'incertain, dans l'inconnu, dans l'utopie imposée, ou, qui pis est, dans la multitude des utopies combattant pour s'emparer de la Loi et s'imposer ; car la fraternité, la philanthropie n'ont pas comme la justice des limites fixes. Où vous arrêterez-vous ? Où s'arrêtera la Loi ? L'un, comme M. de Saint-Cricq, n'étendra sa philanthropie que sur quelques classes d'industriels, et il demandera à la Loi qu'elle *dispose des consommateurs en faveur des producteurs.* L'autre, comme M. Considérant, prendra en main la cause des travailleurs et réclamera pour eux de la Loi un minimum *assuré, le vêtement, le logement, la nourriture et toutes choses nécessaires à l'entretien de la vie.* Un troisième, M. L. Blanc, dira, avec raison, que ce n'est là qu'une fraternité ébauchée et que la Loi doit donner à tous les instruments de travail et l'instruction. Un quatrième fera observer qu'un tel arrangement laisse encore place à l'inégalité et que la Loi doit faire pénétrer, dans les hameaux les plus reculés, le luxe, la littérature et les arts. Vous serez conduits ainsi jusqu'au *communisme*, ou plutôt la législation sera... ce qu'elle est déjà : — le champ de bataille de toutes les rêveries et de toutes les cupidités.

La Loi, c'est la Justice.

Dans ce cercle, on conçoit un gouvernement simple, inébranlable. Et je défie qu'on me dise d'où pourrait venir la pensée d'une révolution, d'une insurrection, d'une simple émeute contre une force publique bornée à réprimer l'injustice. Sous un tel régime, il y aurait plus de bien-être, le bien-être serait plus également réparti, et quant aux souffrances inséparables de l'humanité, nul ne songerait à en accuser le gouvernement, qui y serait aussi étranger qu'il l'est aux variations de la température. A-t-on jamais vu le peuple s'insurger contre la cour de cassation ou faire irruption dans le prétoire du juge de paix pour réclamer le minimum de salaires, le crédit gratuit, les instruments de travail, les faveurs du tarif, ou l'atelier social ? Il sait bien que ces combinaisons sont hors de la puissance du juge, et il apprendrait de même qu'elles sont hors de la puissance de la Loi.

Mais faites la Loi sur le principe fraternitaire, proclamez que c'est d'elle que découlent les biens et les maux, qu'elle est responsable de toute douleur individuelle, de toute inégalité sociale, et vous ouvrez la porte à une série sans fin de plaintes, de haines, de troubles et de révolutions.

La Loi, c'est la Justice.

Et il serait bien étrange qu'elle pût être équitablement autre chose ! Est-ce que la justice n'est pas le droit ? Est-ce que les droits ne sont pas égaux ? Comment donc la Loi interviendrait-elle pour me soumettre aux plans sociaux de MM. Mimerel, de Melun, Thiers, Louis Blanc, plutôt que pour soumettre ces messieurs à mes plans ? Croit-on que je n'aie pas reçu de la nature assez d'imagination pour inventer aussi une utopie ? Est-ce que c'est le rôle de la Loi de faire un choix entre tant de chimères et de mettre la force publique au service de l'une d'elles ?

La Loi, c'est la Justice.

Et qu'on ne dise pas, comme on le fait sans cesse, qu'ainsi conçue la Loi, athée, individualiste et sans entrailles, ferait l'humanité à son image. C'est là une déduction absurde, bien digne de cet engouement gouvernemental qui voit l'humanité dans la Loi.

Quoi donc ! De ce que nous serons libres, s'ensuit-il que nous cesserons d'agir ? De ce que nous ne recevrons pas l'impulsion de la Loi, s'ensuit-il que nous serons dénués d'impulsion ? De ce que la Loi se bornera à nous garantir le libre exercice de nos facultés, s'ensuit-il que nos facultés seront frappées d'inertie ? De ce que la Loi ne nous imposera pas des formes de religion, des modes d'association, des méthodes d'enseignement, des procédés de travail, des directions d'échange, des plans de charité, s'ensuit-il que nous nous empresserons de nous plonger dans l'athéisme, l'isolement, l'ignorance, la misère et l'égoïsme ? S'ensuit-il que nous ne saurons plus reconnaître la puissance et la bonté de Dieu, nous associer, nous entraider, aimer et secourir nos frères malheureux, étudier les secrets de la nature, aspirer aux perfectionnements de notre être ?

La Loi, c'est la Justice.

Et c'est sous la Loi de justice, sous le régime du droit, sous l'influence de la liberté, de la sécurité, de la stabilité, de la responsabilité, que chaque homme arrivera à toute sa valeur, à toute la dignité de son être, et que l'humanité accomplira avec ordre, avec calme, lentement sans doute, mais avec certitude, le progrès, qui est sa destinée.

Il me semble que j'ai pour moi la théorie ; car quelque question que je soumette au raisonnement, qu'elle soit religieuse, philosophique, politique, économique ; qu'il s'agisse de bien-être, de moralité, d'égalité, de droit, de justice, de progrès, de responsabilité, de solidarité, de propriété, de travail, d'échange, de capital, de salaires, d'impôts, de population, de crédit, de gouvernement ; à quelque point de l'horizon scientifique que je place le point de départ de mes recherches, toujours invariablement j'aboutis à ceci : la solution du problème social est dans la Liberté.

Et n'ai-je pas aussi pour moi l'expérience ? Jetez les yeux sur le globe. Quels sont les peuples les plus heureux, les plus moraux, les plus paisibles ? Ceux où la Loi intervient le moins dans l'activité privée ; où le gouvernement se fait le moins sentir ; où l'individualité a le plus de ressort et l'opinion publique le plus d'influence ; où les rouages administratifs sont les moins nombreux et les moins compliqués ; les impôts les moins lourds et les moins inégaux ; les mécontentements populaires les moins excités et les moins justifiables ; où la responsabilité des individus et des classes est la plus agissante, et où, par suite, si les mœurs ne sont pas parfaites, elles tendent invinciblement à se rectifier ; où les transactions, les conventions, les associations sont le moins entravées ; où le travail, les capitaux, la population, subissent les moindres déplacements artificiels ; où l'humanité obéit le plus à sa propre pente ; où la pensée de Dieu prévaut le plus sur les inventions des hommes ; ceux, en un mot, qui approchent le plus de cette solution : dans les limites du droit, tout par la libre et perfectible spontanéité de l'homme ; rien par la Loi ou la force que la Justice universelle.

Il faut le dire : il y a trop de grands hommes dans le monde ; il y a trop de législateurs, organisateurs, instituteurs de sociétés, conducteurs de peuples, pères des nations, etc. Trop de gens se placent au-dessus de l'humanité pour la régenter, trop de gens font métier de s'occuper d'elle.

On me dira : Vous vous en occupez bien, vous qui parlez. C'est vrai. Mais on conviendra que c'est dans un sens et à un point de vue bien différents, et si je me mêle aux réformateurs c'est uniquement pour leur faire lâcher prise.

Je m'en occupe non comme Vaucanson, de son automate, mais comme un physiologiste, de l'organisme humain : pour l'étudier et l'admirer.

Je m'en occupe, dans l'esprit qui animait un voyageur célèbre.

Il arriva au milieu d'une tribu sauvage. Un enfant venait de naître et une foule de devins, de sorciers, d'empiriques l'entouraient, armés d'anneaux, de crochets et de liens. L'un disait : cet enfant ne flairera jamais le parfum d'un calumet, si je ne lui allonge les narines. Un autre : il sera privé du sens de l'ouïe, si je ne lui fais descendre les oreilles jusqu'aux épaules. Un troisième : il ne verra pas la lumière du soleil, si je ne donne à ses yeux une direction oblique. Un quatrième : il ne se tiendra jamais debout, si je ne lui courbe les jambes. Un cinquième : il ne pensera pas, si je ne comprime son cerveau. Arrière, dit le voyageur. Dieu fait bien ce qu'il fait ; ne prétendez pas en savoir plus que lui, et puisqu'il a donné des organes à cette frêle créature, laissez ses organes se développer, se fortifier par l'exercice, le tâtonnement, l'expérience et la Liberté.

Dieu a mis aussi dans l'humanité tout ce qu'il faut pour qu'elle accomplisse ses destinées. Il y a une physiologie sociale providentielle comme il y a une physiologie humaine providentielle. Les organes sociaux sont aussi constitués de manière à se développer harmoniquement au grand air de la Liberté. Arrière donc les empiriques et les organisateurs ! Arrière leurs anneaux, leurs chaînes, leurs crochets, leurs tenailles ! arrière leurs moyens artificiels ! arrière leur atelier social, leur phalanstère, leur gouvernementalisme, leur centralisation, leurs tarifs, leurs universités, leurs religions d'État, leurs banques gratuites ou leurs banques monopolisées, leurs compressions, leurs restrictions, leur moralisation ou leur égalisation par l'impôt ! Et puisqu'on a vainement infligé au corps social tant de systèmes, qu'on finisse par où l'on aurait dû commencer, qu'on repousse les systèmes, qu'on mette enfin à l'épreuve la Liberté, — la Liberté, qui est un acte de foi en Dieu et en son œuvre.

NOTICE SUR LA VIE ET LES ÉCRITS DE FRÉDÉRIC BASTIAT.

par Roger de Fontenay

Frédéric Bastiat est né à Bayonne, le 19 juin 1801, d'une famille honorable et justement considérée dans le pays. Son père était un homme remarquablement doué de tous les avantages du corps et de l'esprit, brave, loyal, généreux. On dit que Frédéric, son fils unique, avait avec lui la plus grande ressemblance. En 1810, F. Bastiat resta orphelin sous la tutelle de son grand-père ; sa tante, mademoiselle Justine Bastiat (qui lui a survécu), lui servit de mère : — c'est cette parente dont les lettres de Bastiat parlent avec une si tendre sollicitude. Après avoir été un an au collége de Saint-Sever, Bastiat fut envoyé à Sorrèze, où il fit de très bonnes études. C'est là qu'il se lia d'une amitié intime avec M. V. Calmètes — aujourd'hui conseiller à la Cour de cassation —, à qui sont adressées les premières lettres de la *Correspondance.*

Quelques particularités de cette liaison d'enfance révèlent déjà la bonté et la délicatesse infinies que Bastiat portait en toutes choses. Robuste, alerte, entreprenant et passionné pour les exercices du corps, il se privait presque toujours de ces plaisirs, pour tenir compagnie à son ami que la faiblesse de sa santé éloignait des jeux violents. Cette amitié remarquable était respectée par les maîtres eux-mêmes ; elle avait des priviléges particuliers, et pour que tout fût plus complétement commun entre les deux élèves, on leur permettait de faire leurs devoirs en collaboration et sur la même copie signée des deux noms. C'est ainsi qu'ils obtinrent, en 1818, un prix de poésie. La récompense était une médaille d'or ; elle ne pouvait se partager : « Garde-la, dit Bastiat qui était orphelin ; puisque tu as encore ton père et ta mère, la médaille leur revient de droit. »

En quittant le collége de Sorrèze, Bastiat, que sa famille destinait au commerce, entra, en 1818, dans la maison de son oncle, à Bayonne. À cette époque, le plaisir tint naturellement plus de place dans sa vie que les affaires. Nous voyons pourtant, dans ses lettres, qu'il prenait sa carrière au sérieux, et qu'il gardait, au milieu des entraînements du monde, un penchant marqué pour la retraite ; étudiant, quelquefois jusqu'à se rendre malade, tour à tour ou tout ensemble, les langues étrangères, la musique, la littérature française, anglaise et italienne, la question religieuse, l'économie politique enfin, que depuis l'âge de dix-neuf ans il a toujours travaillée.

Vers l'âge de vingt-deux à vingt-trois ans, après quelques hésitations sur le choix d'un état, il revint, pour obéir aux désirs de sa famille, se fixer à Mugron, sur les bords de l'Adour, dans une terre dont la mort de son grand-père (1825) le mit bientôt en possession. Il paraît qu'il y tenta des améliorations agricoles : le résultat en fut assez médiocre, et ne pouvait guère manquer de l'être dans les conditions de l'entreprise. D'abord, c'était vers 1827, et à ce moment la science agronomique n'existait pas en France. Ensuite, il s'agissait d'un domaine de 250 hectares environ, subdivisé en une douzaine de métairies ; et tous les agriculteurs savent que le régime parcellaire et routinier du métayage oppose à tout progrès sérieux un enchevêtrement presque infranchissable de difficultés matérielles et surtout de résistances morales. Enfin, le caractère de Bastiat était incapable de se plier — on pourrait dire de s'abaisser — aux qualités étroites d'exactitude, d'attention minutieuse, de patiente fermeté, de surveillance défiante, dure, âpre au gain, sans lesquelles un propriétaire ne peut diriger fructueusement une exploitation très morcelée. Il avait bien entrepris, pour chaque culture et chaque espèce d'engrais, de tenir exactement compte des déboursés et des produits, et ses essais durent avoir quelque valeur théorique ; mais, dans la pratique, il était trop indifférent à l'argent, trop accessible à toutes les sollicitations, pour défendre ses intérêts propres, et la condition de ses métayers ou de ses ouvriers dut seule bénéficier de ses améliorations.

L'agriculture ne fut donc guère, pour Bastiat, qu'un goût ou un semblant d'occupation. L'intérêt véritable, le charme sérieux de sa vie campagnarde, ce fut au fond l'étude, et la conversation qui est l'étude à deux — « la conférence, comme dit Montaigne, qui apprend et exerce en un coup », quand elle s'établit entre deux esprits distingués. Le bon génie de Bastiat lui fit rencontrer, à côté de lui, cette intelligence-sœur, qui devait, en quelque sorte, doubler la sienne. Ici vient se placer un nom qui fut si profondément mêlé à l'existence intime et à la pensée de Bastiat qu'il l'en sépare à peine lui-même dans ses derniers écrits : c'est celui de M. Félix Coudroy. Si Calmètes est le camarade du cœur et des jeunes impressions, Coudroy est l'ami de l'intelligence et de la raison virile, comme plus tard R. Cobden sera l'ami politique, le frère d'armes de l'action extérieure et du rude apostolat.

Cette intimité a été trop féconde en grands résultats pour que nous ne nous arrêtions pas un moment à dire la manière dont elle s'engrena : c'est M. F. Coudroy qui nous l'a racontée. Son éducation, ses opinions de famille, plus encore peut-être sa nature nerveuse, mélancolique et méditative, l'avaient tourné de bonne heure du côté de l'étude de la philosophie religieuse. Un moment séduit par les utopies de Rousseau et de Mably, il s'était rejeté ensuite, par dégoût de ces rêves, vers la *Politique sacrée* et la *Législation primitive,* sous ce dogme absolu de l'Autorité, si éloquemment prêché alors par les de Maistre et les Bonald : où l'on ne comprend l'ordre que comme résultat de l'abdication complète de toutes les volontés particulières sous une volonté unique et toute-puissante ; où les tendances naturelles de l'humanité sont supposées mauvaises, et par conséquent condamnées à un suicide perpétuel ; où enfin la liberté et le sentiment de la dignité individuelle sont considérés comme des forces insurrectionnelles, des principes de déchéance et de désordre. Quand les deux jeunes gens se retrouvèrent, en sortant l'un de l'école de droit de Toulouse, l'autre des cercles de Bayonne, et qu'on se mit à parler d'opinions et de principes, Bastiat, qui avait déjà entrevu en germe, dans les idées d'Ad. Smith, de Tracy et de J.-B. Say, une solution tout autre du problème humain, Bastiat arrêtait à chaque pas son ami, lui montrant par les faits économiques comment les manifestations libres des intérêts individuels se limitent réciproquement par leur opposition même, et se ramènent mutuellement à une résultante commune d'ordre et d'intérêt général ; comment le mal, au lieu d'être une des tendances positives de la nature humaine, n'est au fond qu'un accident de la recherche même du bien, une erreur que corrigent l'intérêt général qui le surveille et l'expérience qui le poursuit dans les faits ; comment l'humanité a toujours marché d'étape en étape, en brisant à chaque pas quelqu'une des lisières de son enfance ; comment, enfin, la liberté n'est pas seulement le résultat et le but, mais le principe, le moyen, la condition nécessaire de ce grand et incontestable mouvement…

Il étonna d'abord un peu, puis finit par conquérir à ces idées nouvelles son ami, dont l'esprit était juste et le cœur sincèrement passionné pour le vrai. Toutefois, ce ne fut pas sans recevoir lui-même une certaine impression de ces grandes théories de Bonald et de Maistre : car les négations puissantes ont le bon effet d'élever forcément à une hauteur égale le point de vue des systèmes qui les combattent. Il y eut sans doute des compromis, des concessions mutuelles ; et c'est peut-être à une sorte de pénétration réciproque des deux principes ou des deux tendances qu'il faudrait attribuer le caractère profondément religieux qui se mêle, dans les écrits de Bastiat, à la fière doctrine du *progrès par la liberté.*

Nous n'avons pas la prétention de chercher quelle put être la *mise de fonds* que chacun des deux associés d'idées versa ainsi à la masse commune. Nous pensons que de part et d'autre l'apport fut considérable. Le seul ouvrage de M. Coudroy que nous connaissions, sa brochure *sur le duel,* nous a laissé une haute opinion de son talent, et l'on sait que Bastiat a eu un moment la pensée de lui léguer à finir le second volume de ses *Harmonies.* Il semblerait pourtant que dans l'association, l'un apportait plus particulièrement l'esprit d'entreprise et d'initiative, l'autre l'élément de suite et de continuité. Bastiat avait le travail capricieux, comme les natures artistes ; il procédait par intuitions soudaines, et, après avoir franchi d'un élan toute une étape, il s'endormait dans les délices de la flânerie. L'ami Coudroy, comme le volant régulateur de la machine, absorbait de temps en temps cet excès de mouvement, pour le rendre en impulsion féconde à son paresseux et distrait sociétaire. Quand celui-ci recevait quelque ouvrage nouveau, il l'apportait à Coudroy, qui le dégustait, notait avec soin les passages remarquables, puis les lisait à son ami. Très souvent, Bastiat se contentait de ces fragments ; c'était seulement quand le livre l'intéressait sérieusement, qu'il l'emportait pour le lire de son côté : ces jours-là, la musique était mise de côté, la romance avait tort, et le violoncelle restait muet.

C'était ainsi qu'ils passaient leur vie ensemble, logés à quatre pas l'un de l'autre, se voyant trois fois par jour, tantôt dans leurs chambres, tantôt à de longues promenades qu'on faisait un livre sous le bras. Ouvrages de philosophie, d'histoire, de politique ou de religion, poésie, voyages, mémoires, économie politique, utopies socialistes… tout passait ainsi au contrôle de cette double intelligence — ou plutôt de cette intelligence doublée, qui portait partout la même méthode et rattachait au moyen du même fil conducteur toutes ces notions éparses à une grande synthèse. C'est dans ces conversations que l'esprit de Bastiat faisait son travail ; c'est là que ses idées se développaient, et quand quelqu'une le frappait plus particulièrement, il prenait quelques heures de ses matinées pour la rédiger sans effort ; c'est ainsi, raconte M. Coudroy, qu'il a fait l'article sur les *tarifs*, les *sophismes*, etc. Ce commerce intime a duré, nous l'avons dit, plus de vingt ans, presque sans interruption, et chose remarquable, sans dissentiments. On comprend après cela comment de cette longue étude préparatoire, de cette méditation solitaire à deux, a pu s'élancer si sûr de lui-même cet esprit improvisateur, qui à travers les interruptions de la maladie et les pertes de temps énormes d'une vie continuellement publique et extérieure, a jeté au monde, dans l'espace de cinq ans, la masse d'idées si neuves, si variées et pourtant si homogènes que contiennent ces volumes.

Membre du Conseil général des Landes depuis 1832, Bastiat se laissait porter de temps en temps à la députation. Décidé, s'il eût été nommé, à ne jamais accepter une place du gouvernement et à donner immédiatement sa démission des fonctions modestes de juge de paix, il redoutait bien plus qu'il ne désirait un honneur qui eût profondément dérangé sa vie et probablement sa fortune. Mais il profitait, comme il le racontait en riant, de ces rares moments où on lit en province, pour répandre dans ses circulaires électorales, et « distribuer sous le manteau de la candidature » quelques vérités utiles. On voit que son ambition originale intervertissait la marche naturelle des choses ; car il est certainement bien plus dans les usages ordinaires de faire de l'économie politique le marchepied d'une candidature, que de faire d'une candidature le prétexte d'un enseignement économique. Quelques écrits plus sérieux trahissaient de loin en loin la profondeur de cette intelligence si bien ordonnée : comme *Le fisc et la vigne*, en 1841, le *Mémoire sur la question vinicole*, en 1843, qui se rattachent à des intérêts locaux importants, que Bastiat avait tenté un moment de grouper en une association puissante. C'est aussi à cette époque de ses travaux qu'il faut rapporter, quoiqu'il n'ait été fini qu'en 1844, le *Mémoire sur la répartition de l'impôt foncier dans le département des Landes*, un petit chef-d'œuvre que tous les statisticiens doivent étudier pour apprendre comment il faut manier les chiffres.

La force des choses allait jeter bientôt Bastiat sur un théâtre plus vaste. Depuis longtemps (dès 1825) il s'était préoccupé de la réforme douanière. En 1829 il avait commencé un ouvrage *sur le régime restrictif* dont nous avons deux chapitres manuscrits et que les événements de 1830 l'empêchèrent sans doute de faire imprimer. En 1834, il publia *sur les pétitions des ports* des réflexions d'une vigueur de logique que les *Sophismes* n'ont pas surpassée. Mais la liberté du commerce ne lui était apparue encore que comme une vague espérance de l'avenir. Une circonstance insignifiante vint lui apprendre tout à coup que son rêve prenait un corps, que son utopie se réalisait dans un pays voisin.

Il y avait un *cercle* à Mugron, un cercle même où il se faisait beaucoup d'esprit : « deux langues, dit Bastiat, y suffisaient à peine. » Il s'y faisait aussi de la politique, et naturellement le fond en était une haine féroce contre l'Angleterre. Bastiat, porté vers les idées anglaises et cultivant la littérature anglaise, avait souvent des lances à rompre à ce propos. Un jour, le plus *anglophobe* des habitués l'aborde en lui présentant d'un air furieux un des deux journaux que recevait le cercle : « Lisez, dit-il, et voyez comment vos amis nous traitent !… » C'était la traduction d'un discours de R. Peel à la Chambre des communes ; elle se terminait ainsi : « Si nous adoptions ce parti, nous tomberions, *comme la France,* au dernier rang des nations. » L'insulte était écrasante, il n'y avait pas un mot à répondre. Cependant, à la réflexion, il sembla étrange à Bastiat qu'un Premier Ministre d'Angleterre eût de la France une opinion semblable, et plus étrange encore qu'il l'exprimât en pleine Chambre. Il voulut en avoir le cœur net, et sur-le-champ il écrivit à Paris pour se faire abonner à un journal anglais, en demandant qu'on lui envoyât tous les numéros du dernier mois écoulé. Quelques jours après, *The Globe and Traveller* arrivait à Mugron ; on pouvait lire le discours de R. Peel en anglais ; les mots malencontreux *comme la France* n'y étaient pas, ils n'avaient jamais été prononcés.

Mais la lecture du *Globe* fit faire à Bastiat une découverte bien autrement importante. Ce n'était pas seulement en traduisant mal que la presse française égarait l'opinion, c'était surtout en ne traduisant pas. Une immense agitation se propageait sur toute l'Angleterre, et personne n'en parlait chez nous. La ligue pour la liberté du commerce faisait trembler sur sa base la vieille législation. Pendant deux ans, Bastiat put suivre avec admiration la marche et les progrès de ce beau mouvement ; et l'idée de faire connaître et peut-être imiter en France cette magnifique réforme vint le mordre au cœur vaguement. C'est sous cette impression qu'il se décida à envoyer au *Journal des Économistes* son premier article : *Sur l'influence des tarifs anglais et français.* L'article parut en octobre 1844. L'impression en fut profonde dans le petit monde économiste ; les compliments et les encouragements arrivèrent en foule de Paris à Mugron. La glace était rompue. Tout en faisant paraître des articles dans les journaux, et surtout cette charmante première série des *Sophismes économiques,* Bastiat commence à écrire l'histoire de la Ligue anglaise, et pour avoir quelques renseignements qui lui manquent, se met en rapport avec R. Cobden.

Au mois de mai 1845, il vient à Paris pour faire imprimer son livre de *Cobden,* qui lui valut neuf mois plus tard le titre de membre correspondant de l'Institut. On l'accueille à bras ouverts, on veut qu'il dirige le *Journal des Économistes,* on lui trouvera une chaire d'économie politique, on se serre autour de cet homme étrange qui semble porter au milieu du groupe un peu hésitant des économistes le feu communicatif de ses hardies convictions. De Paris, Bastiat passe en Angleterre, serre la main à Cobden et aux chefs des Ligueurs, puis il va se réfugier à Mugron. Comme ces grands oiseaux qui essayent deux ou trois fois leurs ailes avant de se lancer dans l'espace, Bastiat revenait s'abattre encore une fois dans ce nid tranquille de ses pensées ; et déjà trop bien averti des agitations et des luttes qui allaient envahir sa vie livrée désormais à tous les vents, donner un dernier baiser d'adieu à son bonheur passé, à son repos, à sa liberté perdue. Il n'était pas homme à se griser du bruit subit fait autour de son nom, il se débattait contre les entraînements de l'action extérieure, il eût voulu rester dans sa retraite — ses lettres le prouvent à chaque page. Vaine résistance à la destinée ! L'épée était sortie du fourreau pour n'y plus rentrer.

Au moins de février 1846, l'étincelle part de Bordeaux. Bastiat y organise l'association pour la liberté des échanges. De là il va à Paris, où s'agitaient, sans parvenir à se constituer, les éléments d'un noyau puissant par le nom, le rang et la fortune de ses principaux membres. Bastiat se trouve en face d'obstacles sans nombre. « Je perds tout mon temps, l'association marche à pas de tortue », écrivait-il à M. Coudroy. À Cobden : « Je souffre de ma pauvreté ; si, au lieu de courir de l'un à l'autre à pied, crotté jusqu'au dos, pour n'en rencontrer qu'un ou deux par jour et n'obtenir que des réponses évasives ou dilatoires, je pouvais les réunir à ma table, dans un riche salon, que de difficultés seraient levées ! Ah ! ce n'est ni la tête ni le cœur qui me manquent ; mais je sens que cette superbe Babylone n'est pas ma place et qu'il faut que je me hâte de rentrer dans ma solitude… » Rien n'était plus original en effet que l'extérieur du nouvel agitateur. « Il n'avait pas eu encore le temps de prendre un tailleur et un chapelier parisiens, raconte M. de Molinari — d'ailleurs il y songeait bien en vérité ! Avec ses cheveux longs et son petit chapeau, son ample redingote et son parapluie de famille, on l'aurait pris volontiers pour un bon paysan en train de visiter les merveilles de la capitale. Mais la physionomie de ce campagnard était malicieuse et spirituelle, son grand œil noir était lumineux, et son front taillé carrément portait l'empreinte de la pensée. *Sancta simplicitas !* Qu'on ne s'y trompe pas, du reste : il n'y a rien d'actif comme ces solitaires lancés au milieu du grand monde, rien d'intrépide comme ces natures repliées et délicates, une fois qu'elles ont mis le respect humain sous leurs pieds, rien d'irrésistible comme ces timidités devenues effrontées à force de conviction. »

Mais quelle entreprise pour un homme qui tombe du fond des Landes sur le pavé inconnu de Paris ! Il fallait voir les journalistes, parler aux ministres, réunir les commerçants, obtenir des autorisations de s'assembler, faire et défaire des manifestes, composer et décomposer des bureaux, encourager les noms marquants, contenir l'ardeur des recrues plus obscures, quêter des souscriptions… Tout cela à travers les discussions intérieures des voies et moyens, les divergences d'opinions, les froissements des amours-propres. Bastiat est à tout : sous cette impulsion communicative, le mouvement prend peu à peu un corps et l'opinion s'ébranle à Paris. La Commission centrale s'organise, il en est le secrétaire ; on fonde un journal hebdomadaire, il le dirige ; il parle dans les *meetings*, il se met en rapport avec les étudiants et les ouvriers, il correspond avec les associations naissantes des grandes villes de la province, il va faire des tournées et des discours à Lyon, à Marseille, au Havre, etc. ; il ouvre, salle Taranne, un cours à la jeunesse des écoles ; et il ne cesse pas d'écrire pour cela : « Il donnait à la fois, dit un de ses collaborateurs, M. de Molinari, des lettres, des articles de polémique et des variétés à trois journaux, sans compter des travaux plus sérieux pour le *Journal des Économistes.* Voyait-il le matin poindre un sophisme protectionniste dans un journal un peu accrédité, aussitôt il prenait la plume, démolissait le sophisme avant même d'avoir songé à déjeuner, et notre langue comptait un petit chef-d'œuvre de plus. » Il faut voir dans les lettres de Bastiat le complément de ce tableau : les tiraillements intérieurs, les découragements, les soucis de famille ou la maladie qui viennent tout interrompre, les menées électorales, la froideur ou l'hostilité soldée de la presse, les calomnies qui vont l'assaillir jusque dans ses foyers. On lui écrit de Mugron « qu'on n'ose plus parler de lui *qu'en famille,* tant l'esprit public y est monté contre leur entreprise… ». Hélas ! qu'étaient devenus les lectures avec l'ami Coudroy et les bons mots gascons du petit cercle !

Nous n'avons pas à apprécier ici le mérite ou les fautes des tentatives libre-échangistes de 1846-1847. Personne ne peut dire ce que fût devenu ce mouvement, s'il n'eût été brusquement arrêté par la révolution de 1848. Depuis ce moment-là, l'idée a fait à petit bruit son chemin dans l'opinion qu'elle a de plus en plus pénétrée. Et quand est arrivé le traité avec l'Angleterre, il a trouvé le terrain débarrassé des fausses théories, et les esprits tout prêts pour la pratique. Cette initiation, il faut le dire, manquait totalement alors : aussi, à l'exception de quelques villes de grand commerce, l'agitation ne s'est guère exercée que dans un milieu restreint d'écrivains et de journalistes. Les populations vinicoles, si nombreuses en France et si directement intéressées à la liberté des échanges, ne s'en sont même pas occupées. Bastiat, du reste, ne s'est jamais abusé sur le succès immédiat ; il ne voyait ni les masses préparées, ni même les instigateurs du mouvement assez solidement ancrés sur les principes. Il comptait « sur l'agitation même pour éclairer ceux qui la faisaient ». Il déclarait à Cobden qu'il aimait mieux « l'esprit du libre-échange que le libre-échange lui-même ». Et c'est pour cela que tout en se plaignant un peu d'être « garrotté dans une spécialité », il avait toujours soin, en réalité, d'élargir les discussions spéciales, de les rattacher aux grands principes, d'accoutumer ses collègues à faire de la doctrine, et d'en faire lui-même à tout propos — comme il est facile de le voir dans les deux séries des *sophismes économiques* et dans les articles où il commençait déjà à discuter les systèmes socialistes.

En cela Bastiat ne s'est pas trompé. Il a rendu un immense service à notre génération, qui s'amusait à écouter les utopies de toute espèce comme une innocente diversion aux romans-feuilletons. Il a accoutumé le public à entendre traiter sérieusement les questions sérieuses ; il a réuni autour d'un drapeau, exercé par une lutte de tous les jours, excité par son exemple, dirigé par ses conseils et sa vive conversation, une phalange jeune et vigoureuse d'économistes, qui s'est trouvée à son poste de combat et sous les armes, aussitôt que la Révolution de Février a déchaîné l'arrière-ban du socialisme. Quand le mouvement du libre-échange n'aurait servi qu'à cela, il me semble que les hommes qui, à différents titres, l'ont provoqué et soutenu auraient encore suffisamment bien mérité de leur pays.

Après la Révolution de Février, Bastiat se rallia franchement à la République, tout en comprenant que personne n'y était préparé. Comme dans l'agitation du libre-échange, il comptait sur la pratique même des institutions pour y mûrir et façonner les esprits. Le département des Landes l'envoya comme député à l'Assemblée constituante, puis à la Législative. Il y siégea à la gauche, dans une attitude pleine de modération et de fermeté qui, tout en restant un peu isolée, fut entourée du respect de tous les partis. Membre du Comité des Finances, dont il fut nommé huit fois de suite vice-président, il y eut une influence très marquée, mais tout intérieure et à huis clos. La faiblesse croissante de ses poumons lui interdisait à peu près la tribune ; ce fut souvent pour lui une dure épreuve d'être ainsi cloué sur son banc. Mais ces discours *rentrés* sont devenus les *Pamphlets,* et nous avons gagné à ce mutisme forcé des chefs-d'œuvre de logique et de style. Il lui manquait beaucoup des qualités matérielles de l'orateur ; et pourtant sa puissance de persuasion était remarquable. Dans une des rares occasions où il prit la parole — à propos des incompatibilités parlementaires —, au commencement de son discours il n'avait pas dix personnes de son opinion, en descendant de la tribune il avait entraîné la majorité ; l'amendement était voté, sans M. Billault et la commission qui demandèrent à le reprendre, et en suspendant le vote pendant deux jours, donnèrent le temps de travailler les votes. Bastiat a défini lui-même sa ligne de conduite dans une lettre à ses électeurs : « J'ai voté, dit-il, avec la droite contre la gauche, quand il s'est agi de résister au débordement des fausses idées populaires. — J'ai voté avec la gauche contre la droite, quand les griefs légitimes de la classe pauvre et souffrante ont été méconnus. »

Mais la grande œuvre de Bastiat, à cette époque, ce fut la guerre ouverte, incessante, qu'il déclara à tous ces systèmes faux, à toute cette effervescence désordonnée d'idées, de plans, de formules creuses, de prédications bruyantes, dont le tohu-bohu nous rappela pendant quelques mois ce pays rabelaisien où les paroles dégèlent toutes à la fois. Le socialisme, longtemps caressé par une grande partie de la littérature, se dessinait avec une effrayante audace ; il y avait table rase absolue ; les bases sociales étaient remises en question comme les bases politiques. Devant la phraséologie énergique et brillante de ces hommes habitués sinon à résoudre, du moins à remuer profondément les grands problèmes, les avocats-orateurs, les légistes du droit écrit, les hommes d'État des bureaux, les fortes têtes du comptoir et de la fabrique, les grands administrateurs de la routine se trouvaient impuissants, déroutés par une tactique nouvelle, interdits comme les Mexicains en face de l'artillerie de Fernand Cortès. D'autre part, les catholiques criaient à la fin du monde, enveloppant dans un même anathème l'agression et la défense, le socialisme et l'économie politique, « le vipereau et la vipère[8]. » Mais Bastiat était prêt depuis longtemps. Comme un savant ingénieur, il avait d'avance étudié les plans des ennemis, et contre-miné les approches en creusant plus profondément qu'eux le terrain des lois sociales. À chaque erreur, de quelque côté qu'elle vienne, il oppose un de ses petits livres : à la doctrine Louis Blanc, *Propriété et Loi* ; à la doctrine Considérant, *Propriété et Spoliation* ; à la doctrine Leroux, *Justice et Fraternité* ; à la doctrine Proudhon, *Capital et Rente* ; au comité Mimerel, *Protectionnisme et Communisme* ; au papier-monnaie, *Maudit Argent* ; au manifeste montagnard, *L'État,* etc. Partout on le trouve sur la brèche, partout il éclaire et foudroie. Quel malheur et quelle honte qu'une association intelligente des défenseurs de l'ordre n'ait pas alors répandu par milliers ces petits livres à la fois si profonds et si intelligibles pour tous !

Dans cette lutte — où il faut dire, pour être juste, que notre écrivain se trouva entouré et soutenu dignement par ses collègues du

---

[8] Donoso Cortès.

libre-échange —, Bastiat apporta dans la polémique une sérénité et un calme bien remarquables à cette époque de colère et d'injures. Il s'irritait bien un peu contre l'outrecuidance de ces despotiques organisateurs, de ces « pétrisseurs de l'argile humaine » ; il s'attristait profondément de cet entraînement vers les réformes sociales qui compromettait les réformes politiques encore si mal assises ; mais d'un autre côté il ne méconnaissait pas le côté élevé de ces aspirations égarées : toutes les grandes écoles socialistes, disait-il, ont à leur base une puissante vérité… Le tort de leurs adeptes, c'est de ne pas savoir assez, et de ne pas voir que le développement naturel de la société tend bien mieux que toutes leurs organisations artificielles à la réalisation de chacune de leurs formules… Magnifique programme qui indique aux économistes le vrai terrain de la pacification des esprits. Sa correspondance avec R. Cobden nous a révélé l'action pleine de grandeur que Bastiat cherchait à exercer en même temps sur la politique extérieure. Mais une autre préoccupation l'obsédait, toujours plus vive à mesure que sa santé s'affaiblissait. Il avait dans la tête, depuis longtemps, « un exposé nouveau de la science » et il craignait de mourir sans l'avoir formulé. Il se recueillit enfin pendant trois mois pour écrire le premier volume des *Harmonies*. Puisque cette œuvre, tout incomplète qu'elle soit, est le dernier mot de Bastiat, qu'on nous permette de chercher à définir l'esprit et la tendance de sa doctrine.

L'économie politique, en France, a eu, dès son origine, le caractère d'une sorte de morale supérieure. Les physiocrates lui donnaient pour objet le *bonheur des hommes* ; ils la nommaient la *science du droit naturel*. Le génie anglais, essentiellement positif et pratique, commença tout de suite par restreindre ce vol ambitieux : en substituant la considération de la *richesse* à celle du *bien-être*, et l'analyse des *faits* à la recherche des *droits*. Ad. Smith renferma la science économique dans des limites plus précises sans doute, mais incontestablement plus étroites. Seulement, Ad. Smith, en homme de génie qu'il était, ne s'est pas cru obligé de respecter servilement les bornes qu'il avait posées lui-même ; et à chaque pas sa pensée s'élève du fait à l'idée de l'utile général ou du juste, aux considérations morales et politiques. Mais sous ses successeurs, esprits plus ordinaires, on voit la science se restreindre et se matérialiser de plus en plus. Dans Ricardo surtout et ses disciples immédiats, l'idée de justice n'apparaît pour ainsi dire plus. C'est de cette phase de l'école qu'on a pu dire qu'elle subordonnait le producteur à la production, et l'homme à la chose. Aussi faut-il voir avec quelle vivacité le vieux Dupont de Nemours protestait contre cet abaissement de l'économie politique : « Pourquoi, disait-il à J.-B. Say, restreignez-vous la science à celle des richesses ? Sortez du comptoir… ne vous emprisonnez pas dans les idées et la langue des Anglais, peuple sordide qui croit qu'un homme ne *vaut* que par l'argent… qui parlent de leur contrée (country) et n'ont pas dit encore qu'ils eussent une *patrie*… » Dupont de Nemours était un peu sévère pour J.-B. Say, dont l'enseignement économique a été beaucoup plus large et plus élevé que les systèmes qui avaient de son temps la vogue en Angleterre. Mais tout en abordant, quand le sujet l'y conduit, les aperçus philosophiques et moraux, Say n'en persiste pas moins à les considérer, en principe, comme étrangers à l'économie politique. L'économie politique est, selon lui, une *science de faits* et uniquement de faits : elle dit *ce qui est*, elle n'a pas à chercher *ce qui devrait être*.

Un savant a parfaitement le droit de se renfermer dans les limites qui conviennent le mieux à ses forces ; mais il ne faut pas qu'il rende la science elle-même solidaire de sa modestie, et qu'il l'entraîne à une abdication. La science doit être ambitieuse ; si elle craint d'empiéter sur ses voisins, elle risque de laisser inoccupée une partie de ses domaines. Il ne nous est nullement démontré qu'il soit possible ou utile de séparer les études sociales en deux branches distinctes — l'une qui serait la simple analyse des résultats de la pratique établie — l'autre qui en discuterait les causes théoriques, le but final, la légitimité ; mais quand même on admettrait ainsi une science du *fait* et une science du *droit*, il n'en est pas moins vrai que, puisqu'à côté de l'enseignement économique aucune science classée, aucun groupe d'hommes spéciaux ne s'occupait de rechercher la raison et le droit des faits sociaux, c'était à l'économie politique à prendre — ne fût-ce que provisoirement — cette position importante. Du moment qu'elle la laissait vide, il était évident qu'une rivale viendrait s'y établir, et qu'une protestation dangereuse battrait le fait avec l'idée du droit. Conformément au génie comme aux traditions nationales, cette protestation devait éclater surtout en France. Ce fut le *socialisme*. La fin de non-recevoir qu'il opposait à l'économie politique était spécieuse. « Le mal, disait-il, est dans les faits humains à côté du bien ; votre science se borne à catégoriser ces faits, sans les soumettre au contrôle préalable du droit ; par conséquent vos formules contiennent le mal comme le bien ; elles ne sont, à nos yeux, que le mal mis en théories, érigé en axiomes absolus et immuables. » Si le socialisme eût ajouté : « Nous allons vérifier vos formules à la lumière du juste », il n'y aurait pas eu un mot à lui répondre, et l'économie politique lui eût tendu la main. Mais, passionné et exclusif comme toutes les réactions, le socialisme nia au lieu de contrôler. On s'était contenté d'étudier, au point de vue de l'utile, les résultats de la propriété, de l'intérêt, de l'hérédité, de la concurrence, etc., en les prenant comme faits acceptés et sans discuter leur raison d'être et leur justice ; le socialisme nia au point de vue du juste et attaqua comme illégitimes la propriété, l'intérêt, l'héritage, la concurrence, etc. On s'était un peu trop borné à décrire ce qui est ; il se borna à décrire ce qui, dans ses rêves d'organisation nouvelle, devait être. On avait, disait-on, écrasé l'homme sous les choses et les faits ; par une sorte de vengeance, il écrasa sous ses pieds les faits et les choses pour remettre l'homme à son rang.

Dans cette situation, qu'y avait-il à faire, pour opérer la réconciliation des esprits ? Évidemment, il fallait réunir et fondre ensemble les deux aspects distincts du *fait* et du *droit* ; revenir à la formule des physiocrates, à *la science des faits au point de vue du droit naturel* ; soumettre la pratique au contrôle du juste ; faire du socialisme savant et consciencieux ; prouver que *ce qui est,* dans son ensemble actuel et surtout dans sa tendance progressive, est conforme à *ce qui doit être* selon les aspirations de la conscience universelle.

Voilà ce qu'a voulu faire Bastiat, et ce qu'il a fait, autant du moins qu'il l'a pu dans un livre inachevé. Il a passé en revue les phénomènes économiques et les formes fondamentales de nos sociétés modernes : en les examinant au triple point de vue de l'intérêt particulier, de l'intérêt général, et de la justice ; il a montré que les trois aspects concordaient. Au-dessus des divergences d'intérêts qu'on aperçoit d'abord entre le producteur et le consommateur, le capitaliste et le salarié, celui qui possède et celui qui ne possède pas, etc., il a fait voir qu'il existe des lois prédominantes d'équilibre et d'unité qui associent ces intérêts et englobent ces oppositions secondaires dans une harmonie supérieure. En sorte que « le bien de chacun favorise le bien de tous, comme le bien de tous favorise le bien de chacun » ; et que « le résultat naturel du mécanisme social est une élévation constante du niveau physique, intellectuel et moral pour toutes les classes, avec une tendance à l'égalisation » — développement qui n'a d'autre condition que le champ laissé à la recherche et à l'action, c'est-à-dire *la liberté*.

Pour caractériser plus nettement la grande et belle position prise par Bastiat, nous avons supprimé des transitions et des nuances. Il est essentiel de les rétablir ; sans quoi il semblerait que Bastiat a créé une science nouvelle, tandis qu'il n'a prétendu, comme il le dit, que présenter un exposé nouveau d'une science déjà formée. Il faut donc faire remarquer que ses devanciers avaient déjà bien préparé son terrain, soit par leurs savantes analyses des phénomènes qu'il n'a eu le plus souvent qu'à rappeler, soit en s'élevant eux-mêmes aux considérations de l'*intérêt général* — notion beaucoup moins éloignée qu'on ne pense de celle du *juste*. Il faut dire que, sans être aussi hautement formulée, l'idée des grandes lois sociales a été de tout temps en germe dans la pensée des économistes, et que la fameuse devise du *laisser passer* n'est au fond qu'une affirmation de la gravitation naturelle des intérêts vers l'ordre et le progrès. Enfin il faut ajouter, pour rendre justice à deux hommes que Bastiat a reconnus comme ses maîtres, que Ch. Comte et M. Dunoyer avaient, avant lui, déjà ramené très sensiblement la science vers le point de vue élevé des physiocrates : le premier, en soumettant au contrôle du droit naturel les formes diverses de la législation et de la propriété ; le second, en introduisant hardiment les fonctions de l'ordre intellectuel et moral dans le champ des études économiques.

C'est là précisément l'excellence du point de vue de Bastiat, qu'il se rattache aux meilleures traditions, tout en ouvrant des perspectives nouvelles. « Les sciences, pour employer une de ses expressions, ont une croissance comme les plantes » ; il n'y a pas d'idées neuves, il n'y a que des idées développées ; et l'initiateur est celui qui formule en un principe net et absolu des traditions hésitantes et incomplètes, celui qui fait un système d'une tendance. Bastiat, d'ailleurs, ne s'est pas borné à affirmer son principe dans toute sa généralité, sans exceptions ni réserves — chose neuve déjà et hardie. Pour réclamer l'harmonie parfaite des lois économiques, il a fallu qu'il la fît en quelque sorte lui-même, en supprimant des dissonances, en rectifiant des erreurs appuyées de noms célèbres. Il a fallu dissiper la confusion établie entre la valeur et l'utilité — l'utilité qui est le but et le bien —, la valeur, qui représente l'obstacle et le mal ; asseoir solidement ce beau principe de la gravité absolue du concours de la nature ; attaquer toute cette théorie qui entachait la propriété foncière d'une accusation de monopole aggravateur du prix ; débarrasser la loi du Progrès de cette effrayante perspective du renchérissement de la subsistance et de l'épuisement du sol, etc. ; toutes choses qui peuvent paraître simples maintenant, mais qui alors ont été critiquées pour leur hardiesse extraordinaire.

Du reste, à notre sens, ce qu'il y a de plus grand encore dans le livre de Bastiat, c'est l'idée de l'*harmonie* elle-même : idée qui répond éminemment au travail secret d'unité dans les sciences que poursuit notre époque, et qui a plutôt le caractère d'une intuition et d'un acte de foi que d'une déduction scientifique. C'est comme un cadre immense dans lequel chaque étude partielle des lois sociales peut et doit venir se classer infailliblement. Bastiat aurait manqué son livre, qu'il nous semble qu'avec sa donnée seule, ce livre se serait fait tôt ou tard. Il est permis de croire qu'en le commençant il n'en voyait pas toute la portée. Il avait sans doute rassemblé d'abord quelques aperçus principaux ; puis les vérités se sont attirées l'une l'autre ; chaque rapport nouveau ouvrait de nouvelles équations, chaque groupe *harmonisé* ou identifié se résolvait en une synthèse supérieure. De sorte que les points de vue allaient en s'agrandissant toujours, et que Bastiat, à la fin, a dû se sentir écrasé, comme il le dit lui-même, par la masse des harmonies qui s'offraient à lui. Une note posthume très précieuse nous indique comment cette extension de son sujet l'avait conduit à l'idée de refondre complétement tout l'ouvrage. « J'avais d'abord pensé, dit-il, à commencer par l'exposition des *Harmonies économiques,* et par conséquent ne traiter que des sujets purement économiques : valeur, propriété, richesse, concurrence, salaire, population, monnaie, crédit, etc. Plus tard, si j'en avais eu le temps et la force, j'aurais appelé l'attention du lecteur sur un sujet plus vaste : les *Harmonies sociales.* C'est là que j'aurais parlé de la *constitution humaine,* du *moteur social,* de la *responsabilité,* de la *solidarité,* etc. L'œuvre ainsi conçue était commencée quand je me suis aperçu qu'il était mieux de fondre ensemble que de séparer ces deux ordres de considérations. Mais alors la logique voulait que l'étude de l'homme précédât les recherches économiques. Il n'était plus temps… »

Il n'était plus temps en effet ! Bastiat ne s'était décidé à écrire les *Harmonies* que parce qu'il commençait à sentir que ses jours étaient comptés. On le devine à l'entassement tumultueux d'idées du dernier chapitre[9] et aux plaintes qui lui échappent sur le temps qui lui manque. Tout en continuant à jeter au courant des discussions du jour quelques-unes de ses belles pages — comme la polémique avec Proudhon dans *La Voix du Peuple*, la *Loi*, *Ce qu'on voit et ce qu'on ne voit pas*, l'article *Abondance*, pour le *Dictionnaire de l'économie politique*, il préparait avec une ardeur fébrile des ébauches du second volume des *Harmonies*. Il ne voulut pas s'attarder à réparer dans le repos ses forces épuisées ; il mit tout son enjeu sur un dé, il crut qu'il pourrait peut-être gagner de vitesse sur les progrès du mal, et arriver par un élan suprême à ne tomber qu'au but… Dans ce steeple-chase désespéré contre la mort, il a perdu.

Quand un homme, à l'âge de quarante-cinq ans, brise d'un seul coup tous les liens de son passé, comme l'a fait Bastiat, et, sans l'ombre d'ambition, se jette d'une solitude méditative dans l'ardente atmosphère de

---

[9] Le chapitre X. Le reste de l'ouvrage se compose de fragments recueillis après sa mort et réunis dans l'ordre indiqué par Bastiat lui-même.

l'action, vous pouvez être sûr que cet homme ne s'arrêtera plus que dans la tombe. Il y a quelque chose de plus terrible cent fois, de plus implacable au repos que l'ambition même : c'est le fanatisme de l'idée, c'est le sentiment d'une mission. Chez l'ambitieux, l'égoïsme veille et ménage ses ressources ; chez l'homme que domine l'idée, le moi est foudroyé, il n'avertit plus par sa résistance de l'épuisement des forces. Une volonté supérieure s'installe en souveraine dans sa volonté, une sorte de conscience étrangère dans sa conscience ; c'est le *devoir*. Il se dresse sur la dernière marche de sa vie passée, comme l'ange au glaive de feu sur le seuil de l'Eden ; il ferme la porte sur les rêves de bonheur et de paix. Désormais, proscrit, tu n'as plus de chez toi ; tu ne rentreras plus dans l'indépendance intime de ta pensée ; tu ne reviendras plus te délasser dans l'asile de ton cœur ; tu ne t'appartiens pas, tu es la chose de ton idée ; vivant ou mourant, ta mission te traînera.

Or la mission que Bastiat s'était donnée, ou plutôt que les événements lui imposèrent, était au-dessus des forces humaines. Bastiat, par le malheur d'une organisation trop riche, était à la fois homme de théories avancées, génie créateur — et homme d'action extérieure, esprit éminemment vulgarisateur et propagandiste. Il eût fallu opter entre les deux rôles. On peut être à la rigueur Ad. Smith et R. Cobden tour à tour ; mais à la fois et en même temps, non. Ad. Smith n'a pas essayé de jeter aux masses les vérités nouvelles qu'il creusait lentement dans sa retraite, et R. Cobden n'a fait passer dans l'opinion publique et les faits que des axiomes anciens et acceptés de longue date par la science. Bastiat, lui, a jeté dans le tumulte des discussions publiques les lambeaux de sa doctrine propre, et c'est au milieu de l'action qu'il a eu l'air d'improviser un système. Défricher les terrains vierges de la science pure, porter en même temps la hache au milieu de la forêt des préjugés gouvernementaux, et labourer en pleine révolution l'opinion publique, le sol le plus ingrat, le plus tourmenté, le plus impropre à une moisson prochaine, c'était faire triplement le métier de pionnier ; — et l'on sait que ce métier-là est mortel.

Tant qu'on ne s'agita qu'autour du libre-échange, comme il y avait là un symbole commun et un drapeau reconnu, Bastiat se trouva aidé et soutenu vigoureusement ; et contre la résistance de l'ignorance, des préjugés et des intérêts égoïstes, la lutte, en dépit de quelques tiraillements, fut possible. Mais quand arriva le socialisme et la grande bataille où l'on n'avait plus le temps de s'entendre d'avance, quand Bastiat fut entraîné par l'urgence du péril à combattre à sa manière, et à jeter de plus en plus dans la mêlée des idées à lui — idées presque aussi neuves pour ses alliés que pour ses adversaires —, il se trouva dans la position d'un chef qui, au milieu du feu, changerait l'armement et la tactique de son parti : tout en admirant sa nouvelle manière de faire, on se contenta de le regarder ; et plus il s'avançait ainsi, plus il se trouvait seul. Or la collectivité est indispensable aux succès d'opinion et à l'effet sur les masses : un homme qui combat isolé ne peut que mourir admirablement. Quand les *Harmonies* parurent et mirent plus au jour les vues nouvelles que les *Sophismes* et les *Pamphlets* avaient seulement fait pressentir, il se fit un silence froid dans l'école déroutée, et la plupart des économistes se prononcèrent contre les idées de Bastiat.

Cet abandon lui fut très sensible, mais il ne s'en étonna ni ne s'en plaignit : il se sentait trop près de sa fin pour laisser un adieu de reproche à ses anciens compagnons de travaux, restés unis à lui par le cœur, sinon par les idées. D'autres chagrins se joignaient à la pensée de son œuvre incomprise et inachevée ; la mort avait fauché dans sa famille pendant son absence, la politique amoncelait de sombres nuages, et de ce côté-là encore il voyait l'opinion égarée tourner contre lui. Il n'avait plus la force ni le désir de lutter. Son esprit commençait à entrer dans cette région plus haute de suprême bienveillance, dans ce jour crépusculaire triste et doux qui assouplit les contours heurtés et adoucit les oppositions de couleur. « Nous autres souffreteux, écrivit-il à un de ses amis, nous avons, comme les enfants, besoin d'indulgence : car plus le corps est faible, plus l'âme s'amollit, et il semble que la vie à son premier, comme à son dernier crépuscule, souffle au cœur le besoin de chercher partout des attaches. Ces attendrissements involontaires sont l'effet de tous les déclins : fin du jour, fin de l'année, demi-jour des basiliques, etc. Je l'éprouvais hier, sous les sombres allées des Tuileries… Ne vous alarmez cependant pas de ce diapason élégiaque. Je ne suis pas Millevoye, et les feuilles, qui s'ouvrent à peine, ne sont pas près de tomber. Bref, je ne me trouve pas plus mal, mais seulement plus faible, et je ne puis plus guère reculer devant la demande d'un congé. C'est en perspective une solitude encore plus solitaire. Autrefois je l'aimais ; je savais la peupler de lectures, de travaux capricieux, de rêves politiques, avec intermèdes de violoncelle. Maintenant, tous ces vieux amis me délaissent, même la fidèle compagne de l'isolement, la méditation. Ce n'est pas que ma pensée sommeille. Elle n'a jamais été plus active ; à chaque instant elle saisit de nouvelles harmonies, et il semble que le livre de l'humanité s'ouvre devant elle. Mais c'est un tourment de plus, puisque je ne puis transcrire aucune page de ce livre mystérieux sur un livre plus palpable… ».

Dès le printemps de 1850, en effet, la maladie de poitrine contre laquelle il se débattait depuis longtemps avait fait des progrès graves. Les eaux des Pyrénées, qui l'avaient sauvé plusieurs fois, aggravèrent son mal. L'affection se porta au larynx et à la gorge : la voix s'éteignit, l'alimentation, la respiration même devinrent excessivement douloureuses. Au commencement de l'automne, les médecins l'envoyèrent en Italie. Au moment où il y arrivait, le bruit prématuré de sa mort s'était répandu, et il put lire dans les journaux les phrases banales de regret sur la perte du « grand économiste » et de « l'illustre écrivain ». Il languit quelque temps encore à Pise, puis à Rome. Ce fut de là qu'il envoya sa dernière lettre au *Journal des Économistes*. M. Paillottet, qui avait quitté Paris pour aller recueillir les dernières instructions de son ami, nous a conservé un journal intéressant de la fin de sa vie. Cette fin fut d'un calme et d'une sérénité antiques. Bastiat sembla y assister en spectateur indifférent, causant, en l'attendant, d'économie politique, de philosophie et de religion. Il voulut mourir en chrétien : « J'ai pris, disait-il simplement, la chose par le bon bout et en toute humilité. Je ne discute pas le dogme, je l'accepte. En regardant autour de moi, je vois que sur cette terre les nations les plus éclairées sont dans la foi chrétienne ; je suis bien aise de me trouver en communion avec cette portion du genre humain. » Son intelligence conserva jusqu'au bout toute sa lucidité. Un instant avant d'expirer, il fit approcher, comme pour leur dire quelque chose d'important, son cousin l'abbé de Monclar et M. Paillottet. « Son œil, dit ce dernier, brillait de cette expression particulière que j'avais souvent remarquée dans nos entretiens, et qui annonçait la solution d'un problème. » Il murmura à deux fois : *La vérité*… Mais le souffle lui manqua, et il ne put achever d'expliquer sa pensée. Goethe, en mourant, demandait *la pleine lumière*, Bastiat saluait *la vérité*. Chacun d'eux, à ce moment suprême, résumait-il l'aspiration de sa vie — ou proclamait-il sa prise de possession du but ? Était-ce le dernier mot de la question ou le premier de la réponse ? l'adieu au rêve qui s'en va — ou le salut à la réalité qui arrive ?…

Bastiat mourut le 24 décembre 1850, âgé de quarante-neuf ans et six mois. On lui fit, à l'église de Saint-Louis-des-Français, de pompeuses funérailles. C'est en 1845 qu'il était venu à Paris ; sa carrière active d'économiste n'a donc embrassé guère plus de cinq ans.

F. Bastiat était de taille moyenne ; mince et maigre, il était doué d'une force physique que son extérieur ne semblait pas annoncer ; dans sa jeunesse, il passait pour le meilleur coureur du pays basque. Sa figure était agréable, la bouche extrêmement fine, l'œil doux et plein de feu sous un sourcil épais, le front carré largement encadré d'une forêt de longs cheveux noirs. Sa conversation était celle d'un homme qui comprend tout et qui s'intéresse à tout, vive, variée, sans prétention, colorée de l'accent comme de l'esprit méridional. Jamais il ne causait d'économie politique le premier, jamais non plus il n'affectait d'éviter ce sujet, quel que fût le rang ou l'éducation de son interlocuteur. Dans les discussions sérieuses, il était modeste, conciliant, plein d'aménité dans sa fermeté de convictions. Rien dans sa parole ne sentait le discours ou la leçon. En général, son opinion finissait par entraîner l'assentiment général ; mais il n'avait pas l'air de s'apercevoir de son influence. Ses manières et ses habitudes étaient d'une extrême simplicité. Comme les hommes qui vivent dans leur pensée, il avait quelque chose souvent de naïf et de distrait : L. Leclerc l'appelait *le La Fontaine de l'économie politique.* Il convenait en riant qu'il n'avait jamais été de la rue de Choiseul au Palais-Royal sans se tromper de chemin. Un jour qu'il était parti pour aller faire un discours à Lyon, il se trouvait débarqué dans un cabaret au fond des Vosges. Pour tout ce qui s'appelle affaires, il était d'un laisser-aller d'enfant. Sa bourse était ouverte à tout venant, quand il était en fonds ; il n'y a pas d'auteur qui ait moins tiré parti de ses livres. Le détail matériel des choses lui était antipathique ; jamais il n'a su prendre une précaution pour sa santé ; jamais il n'a voulu s'occuper d'une annonce ou d'un compte-rendu pour ses ouvrages. Il était si ennemi de charlatanisme en tout, il craignait tellement d'engager son indépendance dans l'engrenage des coteries, qu'après cinq ans de séjour à Paris, il ne connaissait pas un des écrivains de la presse quotidienne. Aussi les *comptes-rendus* de journaux sur les livres de Bastiat sont-ils extrêmement rares. Le *Journal des économistes,* lui-même, attendit six mois avant de parler des *Harmonies,* et son article ne fut qu'une réfutation.

Nous avons déjà dit, je crois, que Bastiat écrivait avec une extrême facilité. On le devine à la netteté remarquable de ses manuscrits, où la plume semble, la plupart du temps, avoir couru de toute sa vitesse. Peut-être le travail préalable qui se faisait dans sa tête était-il long et pénible ; mais je crois plutôt que c'était une de ces intelligences saines qui tournent naturellement du côté de la lumière, comme certaines fleurs vers le soleil, et que la vérité lui était facile, comme aux natures honnêtes la vertu. Il est certain cependant que Bastiat se préoccupait de la forme… à sa manière. Nous avons vu, dans ses cahiers, un de ses Sophismes, entre autres, refondu entièrement trois fois — trois morceaux aussi fins l'un que l'autre, mais très différents de ton. La première manière, la plus belle à mon avis, c'était la déduction scientifique, ferme, précise, magistrale ; la seconde offrait déjà quelque chose de plus effacé dans la tournure et de plus bourgeois, une causerie terre à terre, débarrassée des mots techniques et à la portée du commun des lecteurs ; la troisième, enfin, encadrait tout cela dans une forme un peu légère, un dialogue ou une petite scène demi-plaisante. La première, c'était Bastiat écrivant pour lui, se parlant ses idées ; la dernière, c'était Bastiat écrivant pour le public ignorant ou distrait, émiettant le pain des forts pour le faire avaler aux faibles. Un écrivain ordinaire ne se donne pas tant de peine pour s'amoindrir et ne s'efface pas ainsi volontairement pour faire passer son idée : il faut pour cela telle souveraine préoccupation du but qui caractérise l'apôtre.

Il ne nous appartient pas de préjuger le rang que la postérité assignera à Bastiat. M. M. Chevalier a placé hautement les *Harmonies* à côté du livre immortel d'Ad. Smith. Tout récemment, R. Cobden a exprimé la même opinion. Pour nous, en cherchant à mettre cette simple et noble figure sur un piédestal, nous craindrions de faire quelque maladresse. Et puis, nous l'avouons, il nous semble qu'un éloge trop cru blesserait encore cet homme que nous avons connu si désintéressé de lui-même, qui ne s'est jamais mis en avant que pour être utile et n'a brillé que pour éclairer. Tout ce que nous pouvons dire, c'est que les idées neuves et d'abord contestées de son système ont fait leur chemin depuis sa mort, et que, sans parler de l'école américaine, des économistes marquants, en Angleterre, en Écosse, en Italie, en Espagne et ailleurs, professent hautement et enseignent ses opinions. Et s'il est certain que le caractère matériel, en quelque sorte, de la vérité, dans une doctrine comme dans une religion, est la puissance du prosélytisme qu'elle possède, on peut dire que la doctrine de Bastiat est vraie : car les nombreux convertis qui passent aujourd'hui à l'économie politique y vont à peu près tous par Bastiat et sous son patronage. Son œuvre de propagande se poursuit et se poursuivra longtemps encore après lui — c'est la seule espèce d'immortalité qu'il ait ambitionnée.

Bastiat était tout simplement une belle intelligence éclairée par un admirable cœur, un de ces grands pacifiques auxquels, selon la parole sacrée, le monde finit toujours par appartenir. Nous préférons hautement ces hommes-là aux génies solitaires et aux penseurs sybillins. Ce ne sont, en effet, ni les idées ni les systèmes qui nous manquent aujourd'hui, mais le trait d'union et le lien d'harmonie. La masse incohérente des matériaux épars de l'avenir ressemble à ces gangues où le métal précieux abonde, mais disséminé dans la boue. Ce qu'il faut à notre siècle, c'est l'aimant qui rassemblera le fer autour de lui, c'est la goutte de mercure qui, promenée à travers le mélange, s'assimilera les parcelles d'or et d'argent. Or, ce rôle assimilateur nous parait éminemment réservé aux natures sympathiques qui ont soif du bien et du vrai et vont le chercher partout, aux hommes de foi plutôt encore que de science.

Voilà pourquoi nous souhaitons à notre pays des hommes comme Bastiat, et des vérités comme la doctrine de *l'Harmonie*, de ces vérités simples et fécondes qu'on ne découvre et qu'on ne perçoit qu'avec *l'esprit de son cœur*, comme a dit de Maistre — *mente cordis sui.*

r. de fontenay